DI-SAN REN CHEXIAO
ZHI SU ZHIDU YANJIU

第三人撤销之诉制度研究

贺增磊◎著

吉林大学出版社

长春

图书在版编目（CIP）数据

第三人撤销之诉制度研究/贺增磊著．－－长春：吉林大学出版社，2020.6
ISBN 978-7-5692-6631-3

Ⅰ．①第… Ⅱ．①贺… Ⅲ．①民事诉讼—司法制度—研究—中国 Ⅳ．① D925.104

中国版本图书馆 CIP 数据核字（2020）第 105471 号

书　　名	第三人撤销之诉制度研究 DI-SAN REN CHEXIAO ZHI SU ZHIDU YANJIU
作　　者	贺增磊　著
策划编辑	卢　婵
责任编辑	卢　婵
责任校对	魏丹丹
装帧设计	汤　丽
出版发行	吉林大学出版社
社　　址	长春市人民大街 4059 号
邮政编码	130021
发行电话	0431-89580028/29/21
网　　址	http://www.jlup.com.cn
电子邮箱	jdcbs@jlu.edu.cn
印　　刷	北京虎彩文化传播有限公司
开　　本	787mm×1092mm　　1/16
印　　张	10.5
字　　数	150 千字
版　　次	2020 年 6 月　第 1 版
印　　次	2020 年 6 月　第 1 次
书　　号	ISBN 978-7-5692-6631-3
定　　价	88.00 元

版权所有　翻印必究

前 言

一般而言，在"对抗·判定"的程序结构下，原被告两造相互对立的"双方结构"是民事诉讼的基本形态。不过，随着社会和经济的迅猛发展，民事纠纷往往呈现出更加错综复杂的状态，原被告之间的纠纷往往会涉及到第三人。如果固守"双方结构"的基本形态，既不利于纠纷的彻底解决，也可能出现法院的"判定"损害第三人利益的情形。尤其是近些年来，作为多元化纠纷解决机制的重要组成部分，调解制度重新得到了重视和应用，发挥了重要的作用。但这种结案方式也在某种程度上增加了当事人（狭义上）损害第三人合法权益的可能性。因此，有必要在民事诉讼法律体系中为案外第三人的权益保障作出妥善的、合理的特别安排。

在2012年《中华人民共和国民事诉讼法》（以下简称《民事诉讼法》）修改之前，案外第三人可以通过诉讼参加制度、执行异议制度和审判监督程序等维护自己的合法权益。2012年《民事诉讼法》通过增设第56条第3款，设立了第三人撤销之诉制度，为第三人独立的事后救济提供了法律依据，进一步完善了民事诉讼领域的第三人程序保障体系。然而，因为立法过于仓促、论证尚不充分，在2012年《民事诉讼法》颁布实施后，第三人撤销之诉依然饱受质疑。与此同时，司法实务中也出现了适用混乱乃至错误的局面。

  基于以上背景，本书将第三人撤销之诉制度作为主题展开研究。在研究思路上，本书秉持"提出问题—分析问题—解决问题"的基本思路。在研究方法上，本书采用了比较分析、规范分析、实证分析和类型化分析等多元化的研究方法。本书认为，第三人撤销之诉系诉讼法上的形成之诉，具有事后性、非常规性和独立性等三个特征。该制度的形成具有深刻的理论基础和现实基础，它入法后，将发挥多项重要的功能。虽然从规范上和实务上来看，第三人撤销之诉仍然存在一些问题和不足，但是并不能断然否定它的适用，而应该在立法层面和解释论层面进行完善，使该制度得以顺利运行，发挥其应有的功能。此外，区别于以往的同类研究，本书通过对众多裁判文书具体案情的提炼分析，以期反映第三人撤销之诉的实际运行状况，并进而提出针对性的建议，力图避免"空对空"的研究范式。

  作者始终认为，在研究一项"传来制度"时，只有目光在理论和实践之间来回穿梭，并植根于中国的制度语境下才不会在纷繁杂芜的比较法丛林中迷失方向。本书通过对第三人撤销之诉及其相关制度进行本土化的研究，以期重新检视我国第三人撤销之诉的立法，并促进法解释之妥适、司法之统一及立法之完善。当然，在做这种尝试的过程中，本书论证上的疏漏、内容上的不足在所难免，敬请读者诸君批评指正。

贺增磊

2019 年 4 月

目 录

绪 论 ………………………………………………………………… 1

第一章 第三人撤销之诉制度概述 …………………………………… 3

　第一节 概念、性质与特征 ………………………………………… 3
　　一、第三人撤销之诉的概念 ……………………………………… 3
　　二、第三人撤销之诉的性质 ……………………………………… 7
　　三、第三人撤销之诉的特征 ……………………………………… 11
　第二节 理论基础与现实基础 ……………………………………… 14
　　一、理论基础 …………………………………………………… 14
　　二、现实基础 …………………………………………………… 19
　第三节 第三人撤销之诉的功能 …………………………………… 22
　　一、对第三人事后救济渠道的拓宽功能 ……………………… 23
　　二、保障当事人程序选择权的功能 …………………………… 24
　　三、对虚假诉讼的规制功能 …………………………………… 25
　　四、双重"隐性功能" …………………………………………… 26
　第四节 第三人撤销之诉与相关制度（程序）的辨析 ……… 27

一、第三人撤销之诉与案外人异议 …………………… 27
　　二、第三人撤销之诉与案外人执行异议之诉 ………… 29
　　三、第三人撤销之诉与再审程序 …………………… 32

第二章　第三人撤销之诉制度的比较法考察 …………… 39

　第一节　法国第三人撤销之诉制度 ……………………… 40
　　一、制度形成与正当性基础 ………………………… 40
　　二、起诉要件 ………………………………………… 47
　　三、审理程序 ………………………………………… 53
　　四、法律效果 ………………………………………… 55

　第二节　意大利第三人裁判异议之诉 …………………… 58
　　一、制度简史 ………………………………………… 58
　　二、构成要件分析 …………………………………… 59
　　三、审理程序与法律效果 …………………………… 62

　第三节　日本第三人再审制度 …………………………… 64
　　一、制度的设立与废除 ……………………………… 64
　　二、司法实践对制度的"延续" …………………… 66

　第四节　启示与借鉴 ……………………………………… 66
　　一、制度构建的规范化与系统化 …………………… 66
　　二、既判力制度的法典化 …………………………… 67
　　三、注重学说与判例的分析检讨 …………………… 68

第三章　我国第三人撤销之诉的现状分析 ……………… 69

　第一节　我国第三人撤销之诉的历史经纬 ……………… 69
　　一、介绍建议阶段 …………………………………… 69
　　二、实践探索阶段 …………………………………… 70

三、立法及完善阶段 …………………………………… 71
　第二节　第三人撤销之诉的要件分析 …………………… 72
　　　一、民事诉讼的要件分类及内涵 ……………………… 72
　　　二、起诉条件 …………………………………………… 76
　　　三、诉讼要件 …………………………………………… 77
　　　四、本案要件 …………………………………………… 84
　第三节　第三人撤销之诉的审判及效力 ………………… 90
　　　一、审查与受理 ………………………………………… 90
　　　二、审理与裁判 ………………………………………… 93
　　　三、判决效力 …………………………………………… 99

第四章　我国第三人撤销之诉的问题与完善 ………… 100
　第一节　我国第三人撤销之诉存在的问题 ……………… 100
　　　一、立法体例设置不当 ………………………………… 100
　　　二、立法（制度）目的定位偏差 ……………………… 101
　　　三、原告范围存在争议 ………………………………… 104
　　　四、程序构建有待细化 ………………………………… 108
　　　五、配套制度缺失 ……………………………………… 112
　第二节　我国第三人撤销之诉的完善 …………………… 118
　　　一、宏观思路 …………………………………………… 118
　　　二、具体构想 …………………………………………… 123
　　　三、配套制度 …………………………………………… 134

结　语 …………………………………………………………… 140

参考文献 ……………………………………………………… 142

后　记 ………………………………………………………… 158

绪 论

随着社会经济的快速发展,民事纠纷在质和量两个层面与往昔迥异,在样态和内容上亦趋于多样化、复杂化。在社会转型的过程中,机会主义、诚信失范依然存在,极易出现恶意串通利用诉讼解决"虚假纠纷"从而获取非法利益的现象,极大损害了第三人的合法权益。没有救济可依的权利是虚假的,犹如花朵戴在人的发端是虚饰。以利害关系人的参加和程序保障为核心的程序正义观念对于解决今天日益复杂化的纠纷而言意味深长,而程序正义或程序保障的问题作为实体正义的相对观念在现代社会中也越发重要。① 当法院生效裁判侵害了案外第三人的利益时,通过什么程序救济、如何救济?如何平衡"纠纷一次性解决""程序保障""实体利益保护"等之间的关系?这些都需要我们认真思考并作合理判断。

早在2007年《民事诉讼法》修订之初,就已经有学者建议在《民事

---

① [日]谷口安平.程序的正义[M]//岩波讲座·基本法学(第8卷·纷争).日本:岩波书店,1983:36;[日]谷口安平.程序的正义与诉讼(增订本)[M].王亚新,刘荣军,译.北京:中国政法大学出版社,2002:20-21.

诉讼法》中增设第三人撤销之诉，但因为当时修法的重点并不在此，故最终未作出规定。为了回应社会现实困境，2012年《民事诉讼法》第56条中增加了第3款，建立了第三人撤销之诉制度。不过，由于前期立法上的论证与理论上的铺垫和准备均显不足，加之该条款系原则性规定，使得对该制度的讨论由"否定引入论"和"肯定引入论"之争转变为"否定适用论"和"肯定适用论"之争。因此，最高人民法院于2015年1月30日公布了《最高人民法院关于适用〈中华人民共和国民事诉讼法〉的解释》（法释〔2015〕5号）（以下简称《民诉法解释》），用了12个条文（第292～303条）对第三人撤销之诉作出了较详细的规定。不过，《民诉法解释》的出台并未终止学术的争鸣和司法实务的混乱局面，所以，对该制度进行系统研究仍属必要。

本书首先立足于第三人撤销之诉的本体论，阐明制度的基本概念、特征、性质、基础、功能以及其与相关制度（程序）的关系。随后，基于功能主义的视角，对法国、意大利及日本等大陆法系国家相似的法律制度予以比较法上的考察。接下来，采用理论与实践相结合的方法，结合具体案例，对我国第三人撤销之诉的构成要件进行法释义学的分析。最后，总结出我国第三人撤销之诉在制度构建及司法实践中存在的问题，并从宏观思路、具体构想、配套制度等三个层面提出较为合理的完善建议。

第一章 第三人撤销之诉制度概述

第一节 概念、性质与特征

一、第三人撤销之诉的概念

从某种意义上讲,法学是一个由概念构成的"王国","名不正,则言不顺",所以,概念对法学研究和法律适用的意义不言自明。"概念是有生产力的,它们自我配对,然后生产出新的概念"[①],"第三人""撤销""诉讼"作为三个不同的法律概念,组合在一起,构成一项民事诉讼领域的新的法律概念(制度)——第三人撤销之诉。

第三人撤销之诉或曰第三人撤销诉讼起源自法国,有学者将其定义为:"当第三人因其作为局外人的判决所产生的效果而受到损害时,或者仅仅

---

① 德国法学巨擘耶林语,转引自吴从周. 概念法学、利益法学和价值法学:探索一部民法方法论的演变史[M]. 台北:元照出版有限公司,2007:11.

是受到损害威胁时,为之设置的一种非常上诉途径。"① 亦有人认为,第三人撤销之诉系用以对抗既存判决的救济方法,其提起之主体乃在该一受对抗之裁判作成程序中,未曾出现亦未曾受到代表之人,而主张该一裁判侵害其权利者出现亦未曾受到代表之人,而主张该一裁判侵害其权利者。② 从文义上看,上述定义均从第三人撤销之诉的主体、客体和诉讼的性质等方面展开,这些内容是法国第三人撤销之诉的核心,本书在下文中也将进行详细阐述。

我国台湾地区民诉学界对第三人撤销之诉的概念鲜有人论及。③ 笔者推测,概因其研究的着力点主要集中在第三人撤销诉讼的原告适格、诉讼程序和效力等方面,而对概念则不予着墨。与之形成对比的是,实务界人士的著述中则有相应阐述。如陈荣宗、林庆苗律师认为,就两造诉讼有法律上利害关系之第三人,非因可归责于己之事由而未参加诉讼,致不能提出足以影响判决结果之攻击或防御方法,且其权益因该确定判决而受影响者,得以原确定判决之两造为共同被告,对于确定终局判决提起撤销之诉,请求撤销对其不利部分之判决。④ 陈计男法官认为,第三人撤销诉讼,系法律上有利害关系的第三人,请求撤销他人间的确定终局判决对己不利部分的诉讼,系以判决变更他人间确定终局判决对己的效力,性质上应属形

---

① [法]让·文森,赛尔日·金沙尔.法国民事诉讼法要义(下)[M].罗结珍,译.北京:中国法制出版社,2001:1282。有类似观点认为,第三人撤销之诉系"所有非充当当事人参与程序之第三人,其经系争判决之效力,而发生损害或有受损害之虞者,被赋予之特别救济者。"参见姜世明.任意诉讼及部分程序争议问题[M].台北:元照出版有限公司,2009:334.

② A. Tissier. Théorie et pratique de la tierce opposition [M]. Paris: Arthur Rousseau ED, 1890: 5. 转引自黄源浩.再访法国民事第三人撤销诉讼:法律效力[J].东海大学法学研究,2019(56):5-6.

③ 笔者查阅了王甲乙、杨建华、邱联恭、骆永家、许士宦和姜世明教授等的教材或著作,均没有发现第三人撤销诉讼的概念。

④ 陈荣宗,林庆苗.民事诉讼法(下·修订6版)[M].台北:三民书局,2015:134.

第一章 第三人撤销之诉制度概述

成之诉,而其基础则为诉讼上之形成权。①吴明轩法官认为,第三人撤销诉讼系第三人就他人间已因判决确定而终结之诉讼事件,请求法院撤销该确定判决内对其不利部分之诉讼也。②可见,实务界人士给出的概念有详有略,侧重点各不相同。

我国现行《民事诉讼法》第56条第3款对第三人撤销之诉制度作出了原则性规定。作为一项新制度,自2012年入法以来,民事诉讼法学界对该制度的讨论颇多,但争议也不断,其概念表述也不尽相同。江伟教授认为,"第三人撤销之诉制度是有法律上利害关系的第三人因不可归责于自己的事由未能参与诉讼,导致不能提出足以影响裁判结果的事实或证据的,除适用其他程序救济以外,可以双方当事人为共同被告提起撤销原判决之诉"③。张卫平教授给出的定义为,"所谓第三人撤销之诉,是指案外第三人申请撤销他人之间已经生效的、错误的判决、裁定和调解书,以维护自己民事权益的制度"④。李浩教授将其界定为:第三人撤销之诉,是指由于不可归责于自己的事由而未能参加诉讼的第三人,针对法院所作出的存在错误并损害自己利益的判决、裁定、调解书,将生效司法文书中的双方当事人作为被告,以提起诉讼的方式,请求法院撤销已经作出法律效力的司法文书的诉讼类型。⑤蔡虹教授指出,"第三人撤销之诉,是指未参加本诉的第三人以已结束之本诉的原、被告为共同被告,向人民法院

---

① 陈计男.民事诉讼法论(下)(修订6版)[M].台北:三民书局,2017:431.
② 吴明轩.民事诉讼法(下)[M].台北:三民书局,2011:1609.
③ 江伟.民事诉讼法典专家修改建议稿及立法理由[M].北京:法律出版社,2008:318.
④ 张卫平.民事诉讼法(第4版)[M].北京:法律出版社,2016:384.
⑤ 李浩著.民事诉讼法(第2版)[M].北京:法律出版社,2016:265。王福华教授给出的定义大致与李浩教授的相同,参见王福华.民事诉讼法学(第2版)[M].北京:清华大学出版社,2015:377。

提出的、旨在全部或部分撤销或改变生效法律文书所确定的法律状态或权利义务关系的诉讼"①。肖建国教授认为，"第三人撤销之诉，是指当事人之间生效的裁判、调解书的内容错误，侵害了因不可归责于其本人的事由未参加诉讼的第三人的民事权益的，利益受侵害的第三人向人民法院提起撤销该生效裁判、调解书的诉讼"②。

可见，学者们对第三人撤销之诉的定义并不统一，③ 如在第三人撤销之诉的客体上，有的认为仅包括判决，有的则认为包括判决、裁定和调解书；在起诉条件上，有的强调第三人需同时具备未参加诉讼和权益受损，有的则没有体现权益受损的要求；针对第三人撤销之诉的裁判，有的认为包括"改变"或"撤销"，有的仅明确了"撤销"，对"改变"则未置可否，这样一来，则与《民事诉讼法》的规定不相符。

德国法学巨擘拉伦茨教授曾剀切地指出，要选择何种要素以定义抽象概念，其主要取决于该当学术形成概念时所拟追求的目的。④ 换言之，在法律概念的构成上必须考虑到借助该法律概念所欲达到的目的或实现的价值。⑤ 所以，对第三人撤销之诉进行定义必须考虑该制度设立的目的。尽管较权威的观点认为，第三人撤销之诉主要以撤销错误的生效裁判为目的，⑥

---

① 蔡虹.民事诉讼法学（第4版）[M].北京：北京大学出版社，2016：177.
② 江伟，肖建国.民事诉讼法（第8版）[M].北京：中国人民大学出版社，2018：387.（本部分由肖建国教授撰写——笔者注。）
③ 还有学者认为，《民事诉讼法》第56条第3款所确立的制度不能称之为第三人撤销之诉制度，应该称之为"诉讼第三人异议制度"更为科学合理。参见傅贤国."第三人撤销诉讼"抑或"诉讼第三人异议之诉"——基于我国《民诉法》第56条第3款的分析[J].法学评论，2013（5）：128-138.
④ [德]卡尔·拉伦茨.法学方法论[M].陈爱娥，译.北京：商务印书馆，2003：318.
⑤ 黄茂荣.法学方法与现代民法（第5版）[M].北京：法律出版社，2007：66.
⑥ 王胜明.中华人民共和国民事诉讼法释义[M].北京：法律出版社，2012：122.

但毫无疑问，撤销错误生效裁判文书行为的背后实为保护第三人的民事权益。基于上述认知，本书认为，第三人撤销之诉的概念可以做如下定义：第三人撤销之诉是指诉讼第三人因不可归责于己的法定事由未能参与前诉的审理，为了保护自己的民事权益，在法定的期间内向作出判决、裁定、调解书的法院提出的，旨在改变或撤销生效判决、裁定或调解书的诉讼。

二、第三人撤销之诉的性质

性质是事物本身区别于它事物的特征。认真分析第三人撤销之诉的性质，有助于将它与相关制度或程序区别开来，从而对第三人撤销之诉的制度必要性、理论基础及程序建构有更加明晰的认知。

（一）既有的学术观点争议

爬梳已有文献，关于第三人撤销之诉的性质，既有的讨论主要围绕着"形成之诉说"和"混合型诉讼说"两种观点展开。

1. 形成之诉说

所谓形成之诉，是当事人请求采取以判决的形式宣告作为诉讼标的的权利义务关系的发生、消灭或变更的权利保护形式作为本案判决的诉的类型。[①] 根据大陆法系的民事诉讼传统，形成之诉可分为实体法上的形成之诉和诉讼法上的形成之诉。前者是以变更实体法律关系为目的，如离婚之诉、撤销公司决议之诉等；后者是以变动诉讼法上的法律关系或地位为目的，如再审之诉就是以消灭确定判决的形式确定力和既判力等为诉讼的目的。

---

① ［日］伊藤真.民事诉讼法（第四版补订版）[M].曹云吉，译.北京：北京大学出版社，2019：114.

持该说的学者认为第三人撤销之诉系诉讼法上的形成之诉。①理由如下：其一，第三人撤销之诉的本质是原告要求法院改变原来的判决、裁定或者调解书已经确定的权利状态或权利义务关系，所以第三人撤销之诉符合形成之诉的特征；其二，第三人撤销之诉依据的是诉讼法上的请求权并非实体法上的请求权；②其三，依照《民事诉讼法》第 56 条第 3 款的文义，提起第三人撤销之诉的效果是改变或撤销生效裁判文书，并非囊括适格第三人的实体权利请求，且相关判例中的做法亦体现出这种倾向。③该说一般被视为主流学说。

2. 混合型诉讼说

提出该学说的学者认为，对于第三人撤销之诉不能一概认为系诉讼法上的形成之诉，它既能产生诉讼法上的形成效果，又能产生实体法上的形成效果。④易言之，第三人撤销之诉并非单一的撤销之诉，必然伴随着第三人的实体诉求，作为原告（第三人）实际上提出了两个请求：程序上的请求（即撤销前诉判决的请求）和实体上的请求（即实体权利诉求）。⑤对于原告而言，通过撤销之诉除去生效裁判于不利的部分，具有形成之诉

---

① 张卫平. 民事诉讼法[M]. 北京：法律出版社，2016：386；任重. 回归法的立场：第三人撤销之诉的体系思考[J]. 中外法学，2016（1）：157；刘君博. 第三人撤销之诉的程序建构[J]. 法学，2014（12）：57；王亚新. 第三人撤销诉讼的解释适用[N]. 人民法院报，2012-09-26（7）；肖建华，杨兵. 论第三人撤销之诉——兼论民事诉讼再审制度的改造[J]. 云南大学学报（法学版），2006（4）：42-46.

② 张卫平. 民事诉讼法[M]. 北京：法律出版社，2016：386.

③ 任重. 回归法的立场：第三人撤销之诉的体系思考[J]. 中外法学，2016（1）：157.

④ 张妮. 第三人撤销之诉研究[D]. 重庆：西南政法大学，2012.

⑤ 许尚豪. 程序审查与实体审理：第三人撤销之诉的二阶程序结构研究[J]. 政治与法律，2015（12）：140-141.

的性质；通过提出实体权利诉求，请求法院作出于己有利的变更判决则使得第三人撤销之诉又具有一般诉讼（给付诉讼或确认之诉）的性质。① 所以，第三人撤销之诉不能界定为形成之诉，而应是混合型诉讼。此外，还有学者基于诉讼标的的视角，认为第三人撤销之诉的诉讼标的具有独特性，包括"第三人与法院的关系""第三人与原审原被告的关系""原审（前诉）诉讼标的"等三种类型，第三人向法院提出的全部或部分撤销对其不利的生效裁判的请求的同时，还可以对原审原被告提出实体权利主张。② 该观点也可归为混合型诉讼说。

当然，除了上述两种观点之外，少数学者还提出了"实体法基础说"③"伪命题说"④"次生之诉说"⑤"独立之诉说"⑥等观点。

---

① 许可.论第三人撤销诉讼制度[J].当代法学，2013（1）：41.

② 王福华.第三人撤销之诉适用研究[J].清华法学，2013（4）：48，59-60.

③ 该说认为，第三人撤销之诉虽然具有撤销确定裁判的程序目标，但不能因此便认为第三人撤销之诉系建立在诉讼法上的形成之诉基础之上，而忽视其背后更深层面系以实体法层面的权益保护为支撑。参见肖建国，黄忠顺.论第三人撤销之诉的法理基础[M]//民事程序法研究（第11辑）.厦门：厦门大学出版社，2014：41。

④ 该说认为第三人撤销之诉的诉讼标的系实体法上的请求权，基于实体请求权提起的诉讼可以是确认之诉、给付之诉或形成之诉中的任一种，此时再讨论第三人撤销之诉的性质已无意义，"第三人撤销之诉系诉讼法上的形成之诉"这一观点自然也变成了伪命题。参见杨卫国.第三人撤销之诉性质的重识[J].东方法学，2015（5）：156-158。

⑤ 崔玲玲博士在对传统的诉的类型"三分法"批判的基础上，构建了诉的类型新论，即"原生之诉"和"次生之诉"，并将再审之诉、第三人异议之诉、债务人异议之诉、第三人撤销之诉等等归入到"次生之诉"中。详细阐述，可参见崔玲玲.诉的类型新论——对诉的类型传统理论的扬弃[J].河北法学，2013（1）：38-47。

⑥ 该说认为，第三人撤销之诉是一种具有独立之诉属性的特殊救济程序，它与原诉的审理判决是相分离的，具有独立的诉讼请求。参见韩艳.第三人撤销之诉制度研究[M].杭州：浙江大学出版社，2017：49。

（二）本书观点

本书认为，第三人撤销之诉系诉讼法上的形成之诉。可以从理论和实践两个层面进一步论证。

1. 理论层面

第三人撤销之诉符合诉讼法上形成之诉的目的。诉讼法上的形成之诉，其主要目的在于使已经作成之裁判、判断之效力能够安定，所以当事人仅得在法律有特别规定、于撤销原因存在时，才能以诉讼的方式提起，从而已经成立之裁判发生效力上之变动。程序法上形成之诉所作出的形成判决的效力，通常仍适用相对性原则，在相对之当事人间发生效力即可。①设立第三人撤销之诉的国家或地区，为了保障生效裁判的稳定性和权威性，②均对第三人撤销之诉的提起设定了相对严格的条件，满足相应条件的情况下才可提起。同时，与实体法上的形成之诉所作出的形成判决具有对世效不同，第三人撤销之诉判决作出后，受到攻击的生效裁判在原当事人之间仍不失其效力。③因此，第三人撤销之诉与诉讼法上的形成之诉的目的具有高度的契合性。

2. 实践层面

将第三人撤销之诉界定形成之诉更契合司法实务的操作。一方面，根

---

① 邱联恭.口述民事诉讼法讲义（第2卷）[M].台北：元照出版有限公司，2017：12-13.

② 被生效裁判文书所确定的民事关系，具有稳定性和当事人私行为不得撤销和变更的特性。参见江必新.最高人民法院指导性案例裁判规则理解与适用·民事诉讼卷（第2版·上册）[M].北京：中国法制出版社，2017：19.

③ 参见《法国新民事诉讼法典》第591条。

据较权威的司法观点，第三人撤销之诉系形成之诉，[①] 应当以撤销判决为原则，对于有关的实体权利义务关系的争议第三人可另行起诉；[②] 另一方面，《民诉法解释》第 300 条第 1 款也将撤销生效文书的请求和确认民事权利主张的请求作为两个独立的部分，其中确认实体权利的主张，是指"独立于原生效裁判文书内容的民事权利请求"或"改变原生效裁判文书的请求"。根据《民诉法解释》第 300 条第 1 款第 2 项的规定，第三人"撤销之诉"是完全可以独立于确认实体权利的主张而存在的。司法解释之所以作出上述规定，将撤销之诉和确认之诉合并审理[③]，系出于一次性解决纠纷的需要，这并不能成为第三人撤销诉讼系混合型诉讼的佐证理由。此外，在司法实践中，第三人撤销之诉作为形成之诉的观点也得到肯认。[④]

三、第三人撤销之诉的特征

对第三人撤销之诉的特征的认知，既有的观点林林总总，不一而足。[⑤] 浅见认为，第三人撤销之诉具有事后性、非常规性和独立性。

[①] 江必新.最高人民法院指导性案例裁判规则理解与适用·民事诉讼卷（第2版·上册）[M]. 北京：中国法制出版社，2017：19.

[②] 沈德咏.最高人民法院民事诉讼司法解释理解与适用[M].北京：人民法院出版社，2015：803-804.

[③] 诉的合并分为单纯合并、选择合并、预备合并三种情形，此处所指的合并审理，属于单纯合并。所谓单纯合并指的是原告未对法院对数个请求的审理附加条件的情形。[日]伊藤真.民事诉讼法（第四版补订版）[M].曹云吉，译.北京：北京大学出版社，2019：417.

[④] 参见四川省高级人民法院（2014）川民初字第 117 号民事判决书、浙江省高级人民法院（2017）浙民申 410 号民事裁定书、湖南省岳阳市中级人民法院（2017）湘 06 民终 2748 号民事判决书、广东省江门市中级人民法院（2018）粤 07 民终 1184 号民事判决书，等等。

[⑤] 关于第三人撤销之诉的特征的诸多观点介绍，可参见韩艳.第三人撤销之诉制度研究[M]. 杭州：浙江大学出版社，2017：52-56。

（一）第三人撤销之诉是一种事后救济程序

事后救济程序是与事前保障程序相对而论，事前与事后区分的界点在于裁判是否生效。所谓第三人的事前保障程序，是指诉讼系属后，裁判生效前对案外第三人的程序保障。① 与法国在民事诉讼法典中用"编"形式规定诉讼参加制度② 不同，我国的第三人事前保障程序主要为诉讼第三人制度③，仅限于《民事诉讼法》第 56 条第 1 款、第 2 款的规定，即有独立请求权的第三人和无独立请求权的第三人可以通过申请参加或依法院职权通知的方式参加到他人之间正在进行的诉讼中。与上述救济途径不同，第三人撤销之诉只能在法院对他人之间的诉讼作出的裁判文书已生效，且该文书的内容损害了第三人的合法权益的情况下提起。从这种角度出发，第三人撤销之诉和再审之诉同属于事后救济程序。

（二）第三人撤销之诉是一种非常规性的救济程序

如前所述，第三人撤销之诉和再审之诉都属于事后的救济程序。第三人撤销之诉主要是通过撤销或改变他人间已经生效的判决、裁定或调解书的有误部分，从而达到保护第三人民事权益的目的。毫无疑问，撤销或者改变生效文书的行为必将对生效文书的既判力形成挑战，有违程序安定。不过，根据民事诉讼一般理论，若判决之程序或其基础资料有重大瑕疵，致使判决结果显然违背公平正义者，亦不得不设置例外救济

---

① 张兴美．第三人撤销之诉制度的"使命"探究 [J]．法制与社会发展，2018（4）：150．
② 《法国新民事诉讼法典》第一卷第九编为诉讼参加制度。
③ 不过，也有学者认为，除了诉讼第三人制度外，案外人异议之诉也属于事前程序，而非一种事后救济程序。具体阐述参见张卫平．中国第三人撤销之诉的制度构成与适用 [J]．中外法学，2013（1）：177．

程序，①从而保障实质正义的实现。所以，与一审程序、二审程序等常规的审判程序相比，第三人撤销之诉是一种非常规的程序。也正因为如此，其提起的条件也与其他常规审判程序多有不同，甚至更为严格。

（三）第三人撤销之诉是补充性救济程序

补充性可以从两个层面理解：一方面，第三人撤销之诉可以视为对《民事诉讼法》第56条前两款规定的诉讼第三人制度的补充。②这一点此处不再赘述。另一方面，第三人撤销之诉和案外人申请再审系互补的关系。实际上，虽然《民事诉讼法》第227条（原第204条）有"依照审判监督程序办理"的规定，但理论界和实务界一般认为，民事诉讼法并没有明确赋予案外人申请再审的权利，③"案外人申请再审"是最高人民法院在制定司法解释时所使用的概念④。根据《最高人民法院关于适用民事诉讼法审判监督程序司法解释》（以下简称《民事再审解释》）第5条的规定，案外人申请再审可以分为执行程序外的案外人申请再审（案外人直接申请再审、一般案外人申请再审）和执行程序中的案外人申请再审两种。2015年《民诉法解释》第423条则将案外人申请再审限定在执行程序的过程中。在第三人撤销之诉入法后，学界有人认为案外人申请再审已无存在必要，⑤然而《民诉法解释》第423条的规定使得这种

---

① 吕太郎.民事诉讼法（修订2版）[M].台北：元照出版有限公司，2018：771.
② 肖建国，黄忠顺.论第三人撤销之诉的法理基础[M]//民事程序法研究（第11辑）.厦门：厦门大学出版社，2014：35.
③ 江必新.最高人民法院关于适用民事诉讼法审判监督程序司法解释理解与适用[M].北京：人民法院出版社，2008：59；吴泽勇.第三人撤销之诉的原告适格[J].法学研究，2014（3）：159.
④ 肖建国.论案外人申请再审的制度价值与程序设计[J].法学杂志，2009（9）：64.
⑤ 吴泽勇.第三人撤销之诉的原告适格[J].法学研究，2014（3）：159.

观点"不攻自破"。实务界一般认为,二者在制度功能上系互补的关系,二者的差异决定了前者不能简单地取代后者。① 可以将第三人撤销之诉视为一种补充性的救济手段,和案外人申请再审统合协调,共同保护案外第三人的合法权益。

第二节 理论基础与现实基础

一、理论基础

正如霍姆斯所言,"理论之于法律的教条,犹如建筑师之于建房的工匠,乃其最重要的一部分"②。任何制度的产生都有其深刻的理论基础。

(一)听审请求权

在许多国家和地区,听审请求权是当事人的一项宪法权利,尊重当事人的听审请求权是一国宪法的基本要求。它关乎人的人格尊严和公平程序请求权。听审请求权是指,"法院在对当事人的权利、义务、责任进行判定的时候,当事人就案件的事实问题、程序问题及适用法律问题,有向法院充分陈述自己的意见和主张的权利"③。从当事人和法院之间的关系来看,听审请求权其实是划定了审判权的边界,在赋予当事人权利的同时意味着对国家司法权可能造成的侵害的防御。

---

① 汪晖. 案外人申请再审制度的价值定位 [J]. 法律适用,2014(9):120.
② [美] 爱德华·S. 考文. 美国宪法的"高级法"背景 [M]. 张世功,译. 北京:北京大学出版社,2015:2.
③ 刘敏. 论听审请求权——以民事诉讼为视角的考察 [M] // 民事诉讼法学前沿问题研究. 北京:北京大学出版社,2006:166.

听审请求权的主体主要是当事人，不过除了狭义的当事人即原告与被告之外，共同诉讼人、诉讼代表人、有独立请求权第三人和无独立请求权的第三人也应当享有这一重要的程序基本权。[①]一般而言，原告与被告的听审请求权保障较为普遍而完善，而第三人的听审请求权保障则特殊而粗陋。第三人的听审请求权保障大致可以分为两种情况：事前或曰裁判前的保障与事后或曰裁判后的保障。第三人撤销之诉的构建即是基于听审请求权的事后保障理论。

（二）程序利益保障论

作为程序主体的当事人的利益包括程序利益和实体利益，程序价值论在民事诉讼中直接体现为程序利益保障论。但对于何为程序利益，不同的学者有不同的理解。美国迈克尔·D.贝勒斯教授将程序利益归纳为以下八项原则：① 和平原则；② 自愿原则；③ 参与原则；④ 公平原则；⑤ 可理解原则；⑥ 及时原则；⑦ 止争原则；[②] ⑧ 表面正义原则[③]。我国台湾地区民诉学者邱联恭教授是程序利益保护原则的主推者之一，他指出："程序利益是独立于实体利益系争之外的利益，所谓程序利益保护论其主旨为依宪法上保障自由权、诉讼权、财产权、平等权、生存权等

[①] 刘敏.论民事诉讼当事人听审请求权[J].法律科学，2008（6）：105-106.

[②] [美]迈克尔·D.贝勒斯.法律的原则——一个规范的分析[M].张文显，等译.北京：中国大百科全书出版社，1996：34-37.（①—⑦项原则均在本书中提出。——笔者注）

[③] [美]迈克尔·D.贝勒斯.程序正义：向个人的分配[M].邓海平，译.北京：高等教育出版社，2005：162.原文为"the apperance of justice"，该书译者将其译为"信心价值或者表面正义"，翁晓斌教授将其译为"外观公正原则"，参见翁晓斌.程序利益保障论[J].南京大学法律评论，2010（秋季卷）：219.陈瑞华教授将其译为"加强人们对法律程序的信任或体现表面上的正义"，参见陈瑞华.走向综合性程序价值理论——贝勒斯程序正义理论述评[J].中国社会科学，1999（6）：120-131。

基本规定的目的，诉讼当事人及程序上利害关系人被赋予了与此目的相应的程序主体地位、并享有程序主体的权利。"① 邵明教授认为，"从抽象意义上讲，当事人程序利益，系指由宪法和诉讼法共同规范的，在诉讼中产生并由诉讼当事人所享有的利益。在规范层次上，程序利益被表象化为诉讼权利和诉讼义务。当事人程序利益的具体内涵主要包括公正和效益（特指经济学意义上的效益）。"② 许尚豪博士强调，"程序利益就是指程序中的参加主体与程序中客体之间一种特定的关系，即客体以自身属性满足程序主体需要关系或主体需要被客体满足的效用关系。"③ 翁晓斌教授也有类似的观点，他认为"程序利益是当事人对于诉讼程序的精神和物质的需要与追求"，申言之，程序利益是"通过程序得到对其尊严、平等和自由的维护，以及金钱、时间和精力的节省，包括精神程序利益和物质程序利益"。④ 由此观之，程序利益的内涵极其丰富，从宪法基本权利保障到具体诉讼制度设计，程序利益保障都是应有之义。

民事诉讼程序价值本质上是一个关于人的问题，程序保障论的基本论点是强调程序的正当性和当事人的主体地位，程序保障最基本的原理在于必须让诉讼审判直接影响到其利害关系的当事人都有充分的机会陈述自己的主张和提出支持自己主张的证据⑤。在作出对第三人不利之裁判时，应该给予其充分的程序保障，重视其参与权，使其对于案件事实认定和具体

---

① 邱联恭.司法之现代化与程序法[M].台北：三民书局，1992：111-112.
② 邵明.当事人的程序利益[M]//法制现代化研究（第四卷）.南京：南京师范大学出版社，1998：487-490.
③ 许尚豪，蔡卫忠.程序利益的法律解读[J].山东警察学院学报，2007（2）：35-39.
④ 翁晓斌.程序利益保障论[J].南京大学法律评论，2010（2）：218-234.
⑤ 王亚新.对抗与判定——日本民事诉讼法的基本机构（第2版）[M].北京：清华大学出版，2010：264.

法律适用有发表辩论的机会，这样裁判结果才会易于接受。若第三人能证明其在前诉中未被给予充分的程序性机会和程序保障，即可排除前判的拘束力，申请撤销于己不利的裁判。

（三）既判力扩张理论

一般认为，既判力包括客观范围、主观范围和时间界限三个面向。就既判力的主观范围而言，传统民诉理论认为，既判力是对诉讼标的产生的拘束力，因此原则上对于提出请求之人及相对方产生既判力，对于原被告以外的诉讼关系人不产生既判力，①这被称为"既判力相对性原则"；对于既判力客观范围而言，原则上仅主文部分产生既判力。但是，随着纠纷类型的多样化，如果将既判力的主观范围和客观范围仅仅限于当事人或判决主文，则法院的纠纷解决机能将会被限定在极其狭小的范围。所以，为扩大诉讼制度解决纷争功能、满足一次性解决纠纷的要求，有时判决效力会扩张至当事人以外的人，这是既判力相对性原则的例外，即"既判力主观范围的扩张"。司法实践中，判决的主文部分一般比较简略，"为特定主文中的判断对象，除了由请求趣旨及原因予以特定外，很多情形下，还需要对判决理由中记载的请求原因予以判断"，②故为了防止矛盾判决的出现、实现纠纷的一次性解决，既判力客观范围有扩张的必要。不过，至于扩张的理论路径，则有不同的学说主张。③我国立法

---

① ［日］伊藤真.民事诉讼法（第四版补订版）[M].曹云吉，译.北京：北京大学出版社，2019：374.

② ［日］伊藤真.民事诉讼法（第四版补订版）[M].曹云吉，译.北京：北京大学出版社，2019：365.

③ 主要存在赋予审判理由以既判力、赋予审判理由以争点效和依照诚实信用原则赋予判决理由以既判力等学说主张。详见胡军辉.民事既判力扩张问题研究[D].湘潭：湘潭大学，2009。

没有既判力的相关规定，但是透过间接反映，^① 可以窥探我们司法实践对于终局裁判所生效力的一般态度，即主观方面不以当事人为限，客观方面不以判决主文为限。申言之，只要是被生效裁判所确定的，不管是事实问题还是法律问题都具有绝对性法律效力，而且，这种效力无论是对于谁、对于什么事项，都具有绝对化的作用与意义。^② 这种绝对化的作用在辩论主义的"助攻"下很有可能成为当事人进行虚假诉讼、恶意诉讼，侵害案外第三人合法权益的工具。

既判力之法理根据主要有三：其一，纷争解决程序之制度上效力；其二，程序保障；其三，自己责任原则。^③ 案外第三人没有参与到他人的诉讼中去，却要受到既判力的约束，这本身也和既判力的法理根据相悖，在此背景下，立法者选择第三人撤销之诉这一事后保障程序，使第三人有维护自己合法权益的法律途径，从而达至纠纷一次性解决和程序保障之间的平衡，也与我国"有错必究"的司法理念相符。

二、现实基础

（一）虚假诉讼的盛行

虚假诉讼涉及四方关系，即双方当事人、法院和案外第三人，^④ 它通

---

① 一事不再理原则就是既判力制度的间接反映。详细阐述参见张兴美. 第三人撤销之诉的中国表达 [D]. 长春：吉林大学，2017。

② 林剑锋. 既判力相对性原则在我国制度化的现状与障碍 [J]. 现代法学，2016 (1)：131.

③ 许士宦. 程序保障与阐明义务 [M]. 台北：新学林出版有限公司，2003：253.

④ 参见张卫平. 民事诉讼法 [M]. 北京：法律出版社，2016：398。相比而言，实务界人士对虚假诉讼的界定范围还要宽，他们认为，除了通过诉讼、调解获取生效裁判文书的方式之外，还应当包括利用虚假仲裁裁决、公证文书申请执行的方式。参见李浩. 虚假诉讼与对调解书的检察监督 [J]. 法学家，2014 (6)：66-76。

第一章 第三人撤销之诉制度概述

常是指形式上的诉讼双方当事人为了牟取非法的利益，恶意串通，虚构法律关系和案件事实，提供虚假证据，骗取法院判决书、裁定书和调解书的行为。① 根据立法者的释解，"虚假诉讼有广义和狭义之分，狭义上的虚假诉讼是指当事人之间恶意串通，企图通过诉讼、调解等方式侵害他人合法权益的行为。广义上的虚假诉讼还包括单方伪造证据、故意将被告拖入诉讼等情形"。② 不过，单方伪造证据、故意将被告拖入诉讼等情形应该属于恶意诉讼的范畴，而非虚假诉讼。民间借贷、离婚纠纷、房地产权属确认、拆迁补偿安置、企业破产改制和资产重组、建设工程、股东权益纠纷等民商事领域是虚假诉讼的高发区。实务界人士对虚假诉讼的理解更加宽泛，他们认为，除了通常采用的诉讼、调解方式之外，还包括利用虚假仲裁裁决、公证文书申请执行等方式。③

严格意义上讲，虚假诉讼并非一个法律概念，而是司法解释和理论界对相关规定的概括。正是这个"非法"的概念，却是对民事诉讼秩序"杀伤力"最大的妨害民事诉讼的行为，成了法治肌体的"毒瘤"。为了打击制裁虚假诉讼，《民事诉讼法》第112条及《民诉法解释》第190条、《刑法》第307条之一以及相关的司法解释④分别进行了相应的规制，可以说，

---

① 肖建华. 论恶意诉讼及其法律规制[J]. 中国人民大学学报, 2012(4): 14。恶意诉讼则是指，一方或双方当事人恶意欺骗法院，通过诉讼程序打击对手或通过法院裁判中关于事实或权利方面的认定，从而获得对方或第三人财物或其他不正当利益的行为。由此可见，恶意诉讼的概念比虚假诉讼要宽泛。

② 王胜明. 中华人民共和国民事诉讼法释义[M]. 北京：法律出版社，2012：269；全国人大常委会法制工作委员会民法室.《中华人民共和国民事诉讼法》释解与适用[M]. 北京：人民法院出版社，2012：181.

③ 李浩. 虚假诉讼与对调解书的检察监督[J]. 法学家，2014 (6)：66-76.

④ 如2016年《最高人民法院关于防范和制裁虚假诉讼的指导意见》（法发〔2016〕13号）、2018年《最高人民法院、最高人民检察院关于办理虚假诉讼刑事案件适用法律若干问题的解释》（法释〔2018〕17号）等。

虚假诉讼成为近年来民刑交叉的热点问题。

从民事诉讼法的角度出发，虚假诉讼难以消弭除了当事人的道德原因、社会转型和经济因素外，至少还包括以下几个方面：（1）识别的难度较大。如虚假诉讼的主观要件是当事人之间恶意串通，这种隐秘性的要件很难发现和证明[①]；（2）法院追求高调解率使得虚假诉讼的案件多以调解的方式结案，案外人难以及时发现，这就使得在随后的司法实践中，再审成为虚假诉讼规制的主要渠道，[②]且多是通过检察监督和案外人申诉的方式启动，而案外人申请再审需要以案件进行执行阶段为前提，这使得规制效果大打折扣；（3）对于法院而言，法院往往面临着案件压力，加上目前在民事诉讼转型过程中，当事人主义、辩论主义原则得到提倡，当事人的主观恶意难以知晓，法院本身规制虚假诉讼中的作用未达到预期，有的法官甚至在某种程度上"放纵"了这种不诚信的妨害行为。[③]

正是因为虚假诉讼的盛行和难以根除，所以立法者在修正《民事诉讼法》时，除了新增第112条加大对虚假诉讼的处罚力度外，还新增了第三人撤销之诉，以期强化对被虚假诉讼侵害的案外人的救济。[④]

---

① 根据《民诉法解释》第109条的规定，虚假诉讼的证明标准需要达至"排除合理怀疑"，高于民事诉讼的"高度盖然性"证明标准，这种要求显然更加抑制了制裁虚假诉讼和保护案外人民事权益的机会和力度。参见熊跃敏、梁喆旎.虚假诉讼的识别与规制——以裁判文书为中心的考察［J］.国家检察官学院学报，2018（3）：163。

② 吴泽勇.民事诉讼法理背景下的虚假诉讼规制——以《民事诉讼法》第112条的适用为中心［J］.交大法学，2017（2）：7-20。

③ 纪格非.民事诉讼虚假诉讼治理思路的再思考——基于实证视角的分析与研究［J］.交大法学，2017（2）：21-30。

④ 王胜明.中华人民共和国民事诉讼法释义［M］.北京：法律出版社，2012：271。

（二）诉讼第三人制度的痼疾

我国的诉讼第三人制度取法苏联，从1982年《民事诉讼法（试行）》至今，除了文字表述上的修改之外，几乎无实质性变更。长期以来，这个被誉为重要性为"五星级"的制度，却因为过于粗糙的法律规定也成为争议最大、批判最多的制度。尤其对于无独立请求权第三人的规定，几乎是"群起而攻之"。

按照现行法的规定，无独立请求权第三人是因为案件处理结果与其有法律上的利害关系，通过申请参加或者由法院通知参加诉讼，至于在诉讼中是什么地位，法律没有明确，无独立请求权第三人只有在被判决承担民事责任时，才具有当事人的权利义务。这样的规定存在以下问题：其一，《民事诉讼法》将第三人置于"当事人"一节进行规定，表面上看无独立请求权第三人也是当事人。然而，条文的最后一句又规定，法院判决承担责任的第三人才有当事人的诉讼权利和义务，这显然是将其与当事人区别开来。这就陷入了一种逻辑悖论：如果认为无独立请求权第三人不是当事人，那么判决他承担义务毫无道理，如果认为他是当事人，在诉讼过程中却没有给予其诉讼权利和义务，这也违背了程序保障和辩论主义。其二，责任追究的功能与第三人参诉方式之间存在矛盾。申言之，无独立请求权第三人申请参加诉讼，在原告没有告诉的情况下却承担了责任，这等于让第三人自投罗网，不合常理；[①] 若是法院依职权通知参诉，而后又判决其承担民事责任，无异于法院做了自己案件的法官，显然违背法院的职能和程序正义。其三，即便是法院以职权通知第三人参诉或

---

① 蒲一苇.民事诉讼第三人制度研究[M].厦门：厦门大学出版社，2009：114.

者第三人申请参加诉讼,也面临着诸多受阻的困境,①未必能获得有效的事前保障。

正是由于我国的诉讼第三人制度存在的"痼疾"一直未得到有效的"治疗",客观上催生了第三人撤销之诉的诞生,以期缓解诉讼第三人制度的缺陷带来的压力。

第三节 第三人撤销之诉的功能

"设立法律程序,首先应当为该程序进行功能定位,即明确该程序的功能是什么,准确回答诸如该程序到底是用来干什么的,它在社会生活中将要发挥什么作用等问题。不解决功能定位问题,设立的程序必然会因没有方向而混乱不堪。"②对法律程序的改革或建立同样必须从解决功能定位开始。第三人撤销之诉的功能,是指第三人撤销之诉作为一种法律制度或法律程序所固有的性能或功用。

一、对第三人事后救济渠道的拓宽功能

根据1991年《民事诉讼法》第208条③规定,案外人对执行标的提出不同意见,只能提出异议,而且仅仅是由执行员进行审查。如果作为执行依据的原生效裁判文书有错误,按照审判监督程序处理。然而,实践中发生的案

---

① 张兴美.第三人撤销之诉制度的"使命"探究[J].法制与社会发展,2018(4):151.
② 谭秋桂.我国民事再审程序的功能定位与制度重构——以救济型再审制度的确立为中心[M]//月旦民商法研究:民事诉讼法之变革.北京:清华大学出版社,2005:83.
③ 第208条规定:"执行过程中,案外人对执行标的提出异议的,执行员应当按照法定程序进行审查。理由不成立的,予以驳回;理由成立的,由院长批准中止执行。如果发现判决、裁定确有错误,按照审判监督程序处理。"

第一章 第三人撤销之诉制度概述

外人异议的情况很复杂,一部分案外人异议的案件并不涉及原生效裁判文书,难以通过审判监督程序解决。质言之,该条款显然没有涵盖其他案外人异议的情况,缺乏为案外人提供较为全面的保障。为了切实保障案外人合法利益,在借鉴其他国家和地区立法例的基础上,2007年修改民事诉讼法时对本条款进行了完善,新增了"案外人异议之诉"这一救济制度,并被2012年的《民事诉讼法》第227条所保留。但是,该条文本身对于案外人申请再审的规定依然语焉不详,没有明确赋予案外人申请再审的权利。因此,如何理解条文中的"依照审判监督程序",便显得十分迫切和重要。虽然《民事再审解释》第5条对案外人申请再审进行了规定,但一方面囿于形成判决和确认判决不涉及执行问题,以案外人申请再审为代表的第三人事后救济渠道也未必能够为第三人提供充分的保障;另一方面,再审的启动门槛较高,且实践中能否顺利启动的决定权在于法院和检察院,而非再审申请人,案外人能否得到救济具有很大的不确定性。① 为此,立法者又在民事诉讼法中新增了第三人撤销之诉制度。至此,我国《民事诉讼法》一共为案外第三人维护自身合法权益设置了四种救济途径,即执行异议、执行异议之诉、撤销之诉和申请再审。

二、保障当事人程序选择权的功能

程序选择权系由我国台湾学者邱联恭教授最早提出。程序选择权突出当事人的程序主体地位,其可以依据自己的利益和判断来选择纠纷解决方式或者诉讼过程中的程序性事项。程序选择权的特征之一是权利与责任的一致性。程序选择权是以权利的形态表现出来的,但是当事人在享有这份权利的同时,法律上的责任也悄然加之其身,要求当事人对自己选择所引

---

① 吴泽勇.第三人撤销之诉的原告适格[J].法学研究,2014(3):158.

起的后果承担责任。①

有独立请求权的第三人参加到他人之间的诉讼中去而成为新的原告，第三人参加诉讼实际上是将两个诉讼合并审理，以实现纠纷的一次性解决，提高诉讼效率。当然，如果他没有参加到本诉中来，那么在本案裁判、调解书作出生效后，他完全可以通过另行起诉的方式来寻求救济。但是，根据《民诉法解释》第93条第1款第5项的规定，当事人无须举证证明的事项之一为"已为人民法院发生法律效力的裁判所确认的事实"，这种效力往往被称为"免证效力"或"预决效力"。质言之，"由于原被告的诉讼在先，法院必然会作出当事人一方胜诉的判决。如果第三人以胜诉的一方为被告另行起诉，无疑会加重第三人的证明责任，使之承受更大的败诉风险。"② 这样看来，第三人对不同的救济路径享有程序选择权，提起撤销之诉撤销原裁判、调解书损害其实体权益的部分以减轻证明责任的风险。对于无独立请求权的第三人而言，原诉的结果与其有利害关系，而其又有合理的理由而未能参加诉讼且已生效裁判、调解书损害其利益，理应可以利用第三人撤销之诉制度进行救济。《民事诉讼法》规定了第三人撤销之诉，《民诉法解释》进一步细化，并同时在《民事再审解释》第5条的基础上对案外人申请再审做了规定，案外第三人可以择一选择救济程序。

三、对虚假诉讼的规制功能

如前所述，虚假诉讼严重损害了案外第三人的民事权益，是一种特殊的侵权行为，必须从程序法上进行规制。2012年修改后的《民事诉讼法》从不同的层面进行了规制: 宏观层面体现为诚实信用原则入法(第13条第2款)，

---

① 李浩.民事程序选择权: 法理分析与制度完善[J].中国法学，2007(6): 79-92.
② 江伟.民事诉讼法学[M].北京: 北京大学出版社，2012: 152.

具体规制层面则体现为《民事诉讼法》第 112 条规定的对虚假诉讼、调解侵害他人合法权益的司法处罚以及第 56 条第 3 款的第三人撤销之诉制度。

与上述第 112 条规定的司法处罚相比，第三人撤销之诉作为一种特殊的救济途径，为保障案外第三人的合法权益、规制虚假诉讼再下了一味制度"猛药"。之所以这样说：其一，因为二者的适用时间上有所区别。第 112 条的适用时间为案件的审理过程中，而第三人撤销之诉的适用时间是案件业已审结，裁判文书、调解书业已生效后。其二，二者的适用范围有所不同。第三人撤销之诉的要求是文书部分或者全部内容错误，而当事人恶意串通并非造成"错误"的唯一缘由。其三，《民诉法解释》第 190 条第 1 款的规定对《民事诉讼法》第 112 条中"他人的合法权益"的含义做了目的性扩张解释，既包括案外第三人的物权、债权和知识产权等合法权益，也包括国家利益和社会公共利益。第三人撤销之诉所规制的虚假诉讼是原诉讼当事人侵害案外第三人合法权益的情形，不包括国家利益和社会公共利益。这样看来，第三人撤销之诉对遏制侵害第三人合法权益的虚假诉讼更有针对性。

四、双重"隐性功能"

第三人撤销之诉的隐性功能（latent function）[①]是立法者在设立第三人

[①] 显性功能和隐性功能最初是由美国著名社会学家、社会学功能主义的代表人物罗伯·金·默顿教授提出的一种功能划分。他认为显性功能是指系统调节或适应所产生的客观结果，这些结果是系统的参加者希求并知道的；与此相对应，隐性功能则是指那些既未被希求也未被认识到的结果。详尽论述，参见 [美] 默顿. 论理论社会学 [M]. 何凡兴，等译. 北京：华夏出版社，1990：138-139, 154 。基于默顿的功能分类，我国法理学学者也对法的功能做出了法的显性功能和法的隐性功能的区分：所谓法的显性功能，是指法的客观后果合乎立法者的本来意图，或者说是由立法者有意安排出来的；法的隐性功能则是指法对社会的影响后果是看不见的或是在立法者无意中所产生的，即这种后果超出了立法者的本来意图。参见付子堂. 法理学（第 3 版）[M]. 重庆：重庆大学出版社，2011：218 。

撤销之诉制度时没有明显考虑到或是在立法者无意中所产生的但却客观存在的一种功用。笔者认为，除了前文介绍的功能外，第三人撤销之诉还有双重"隐性功能"：其一，第三人撤销之诉的有效运行可以提升民事程序价值的独立品格。一般认为，民事程序的独立价值抑或称之为内在价值，包括程序公正和程序效益。要实现程序公正就必须在诉讼中保证当事人平等和程序参与。这一方面就需要立法者在构建民事诉讼法律程序和制度时，要充分考虑当事人（广义的）的程序利益；另一方面，在诉讼过程中，法院或法官要给予各方当事人平等参与的机会。而第三人撤销之诉制度的构建，恰恰是程序公正受到重视和发挥独立作用的体现，反过来，它也使得立法者和法院在涉及第三人利益的程序设计和运作时，能够给予应有的考量。程序效益表现为效率和效益。错误裁判的成本称作错误成本，作出裁判的成本称作直接成本①。民事程序制度设计的目的不在于只使其中一种成本最小化，而在于实现二者的总额最小化。在设计第三人撤销之诉与其他救济措施择优选择以及衔接路径时，立法者和裁判者总会不自觉地把改变或撤销原来错误作出的或被骗作出的裁判所产生的纠错成本与第三人为维护自己合法权益将要支出的成本纳入评价范围，同时还要结合法院在解决民事纠纷、实施国家法律和提升司法公信力等方面的社会效益，以此来做出综合评判。其二，第三人撤销之诉的创设可以倒逼人民法院及时有效地通知第三人参加诉讼，② 从而更好地保证第三人参加诉讼制度的有效使

---

① 直接成本即法律系统运作的成本，它包括公共成本和私人成本。前者如法官的薪金、陪审团（员）、法院房舍等的费用；后者如当事人聘请律师、取得司法鉴定的费用。一般而言，随着私人成本的增加，诉诸法院的案件随之减少，公共成本也随之减少。

② 有学者主张我国应借鉴日本民事诉讼法，引入诈害防止参加制度，被通知参加诉讼的案外人，其地位类似于我国的有独立请求权第三人。参见吴泽勇.民事诉讼法理背景下的虚假诉讼规制——以〈民事诉讼法〉第112条的适用为中心［J］.交大法学，2017（2）：15.

用。若当事人在诉讼中恶意串通、虚假自认等，第三人很难知晓。司法实务中，法院也常常因为各种原因而没有及时通知其参加诉讼，而第三人撤销之诉的设置，就会起到这种倒逼的效果，使得法院及时通知与案件处理结果有利害关系的第三人及时参加到诉讼中来，起到事前预防的效果。

第四节　第三人撤销之诉与相关制度（程序）的辨析

一、第三人撤销之诉与案外人异议

与德、日及我国台湾地区可直接提起第三人（案外人）异议之诉不同，[①]我国的案外人在提起异议之诉前还有一个"前置程序"[②]，即案外人异议。作为程序性执行救济制度的重要组成部分，案外人异议是指在执行过程中，执行当事人之外的主体，对执行标的主张所有权或者其他足以排除执行标的转让、交付的实体权利，要求民事执行机关停止对该标的执行的声明。[③]其目的系排除执行机关对诉讼标的的执行，维护自己的民事权益，它"本

[①]　《德国民事诉讼法》第771条规定：第三人主张在强制执行的标的物上有阻止让与的权利时，可以向实施强制执行的地区的法院提起异议之诉。德国民事诉讼法[M].丁启明，译.厦门：厦门大学出版社，2016：162.《日本强制执行法》第38条第（一）项规定：对强制执行标的物享有所有权或者其他妨碍标的物让与或交付的权利的第三人，对债权可提起旨在阻止强制执行的第三人异议之诉。曹云吉.日本民事诉讼法典[M].厦门：厦门大学出版社，2017：320.我国台湾地区"强制执行法"第15条规定：第三人就执行标的物有足以排除强制执行之权利者，得于强制执行程序终结前，向执行法院对债权人提起异议之诉。如债务人亦否认其权利时，并得以债务人为被告。

[②]　也有学者认为案外人异议和异议之诉是不同的救济途径，彼此并无必然联系，故前者并非前置程序。参见张卫平.案外人异议之诉[J].法学研究，2009（1）：12-13.

[③]　江伟.民事诉讼法学（第3版）[M].北京：北京大学出版社，2015：470.

质上属于实体上的救济方法"①。

"案外人"包含的范围很广,然而实际上,并非任何案外人都可以提起执行异议,通说认为,此处的"案外人"是执行根据效力主体范围之外的人,且对执行标的具有实体上的民事权利的公民、法人或者其他组织,②所以,有独立请求权第三人和承担民事责任的无独立请求权第三人不能称之为案外人。对于执行异议,负责执行的法院③应当在收到案外人书面异议起的3日内立案,15日内进行审查。合议庭根据案情作出中止执行的裁定或者驳回异议的裁定。可见,案外人执行异议与第三人撤销之诉的性质、主体、管辖法院、审查(审理)程序及法律效果等方面明显不同。

二、第三人撤销之诉与案外人执行异议之诉

(一)二者的联系和区别

案外人异议之诉是指案外人为维护自己的合法权益,向执行法院提出的对有关执行标的的实体法律关系进行审理和裁判,以纠正错误的请求。④依

---

① 肖建国.强制执行法[M].北京:中国人民大学出版社,2013:203。

② 参见江伟.民事诉讼法学(第3版)[M].北京:北京大学出版社,2015:471。有学者认为,除案外人本人外,对异议标的享有管理权、处分权的人,也可以提出案外人异议。参见肖建国.强制执行法[M].北京:中国人民大学出版社,2015:203。根据最高人民法院的观点,这里的实体权利主要包括所有权、物权期待权、特殊的担保物权以及租赁权和用益物权等四类。参见江必新,刘贵.最高人民法院关于人民法院办理执行异议和复议案件若干问题规定[M].北京:人民法院出版社,2015:340-341。

③ 当执行管辖权转移时,执行异议的管辖秉持"就高不就低"的原则,参见《最高人民法院关于人民法院办理执行异议和复议案件若干问题规定》(以下简称《执行异议和复议规定》)第3条的规定。

④ 刘家兴,潘剑锋.民事诉讼法学教程(第5版)[M].北京:北京大学出版社,2018:337。

照《民事诉讼法》第227条的规定,如果案外人对执行法院作出的驳回执行异议的裁定不服,可以在裁定送达之日起的15日内向该法院提起案外人执行异议之诉,2015年《民诉法解释》第15章对执行异议之诉进一步予以细化。

第三人撤销之诉和案外人异议之诉的共同之处在于二者均按照普通程序审理,且排除简易程序的适用。① 二者的区别主要体现在以下几个方面:首先,目的不同。尽管执行异议之诉是实体性执行救济,但通说认为,案外人异议之诉的目的通过诉讼的形式纠正执行错误,排除执行法院对执行标的的执行。② 第三人撤销之诉的目的在于为受生效裁判影响的第三人提供程序保障,保障其民事实体权利。

其次,诉讼性质不同。如上文所述,第三人撤销之诉作为一种独立的诉讼,其性质系属于一种事后的特殊的救济程序,适用普通的民事诉讼程序。对于案外人异议之诉的性质,众说纷纭,有给付诉讼说、确认诉讼说、形成诉讼说、新形成诉讼说、救济诉讼说、命令诉讼说等。③ 德国、日本以及我国台湾地区以形成诉讼说为通说,实务上亦采之。我国理论界的主要分歧在于形成诉讼说和命令诉讼说。"形成诉讼说"主张,案外人异议之诉的诉讼标的是诉讼法上的形成权,它追求的是程序法上的形成效果,排除了法院对执行标的物的执行行为,便能保护案外人的实体权利。④ "命令诉讼说"认为,实体权利关系和执行关系都是第三人异议之诉的审判对

---

① 沈德咏.最高人民法院民事诉讼司法解释理解与适用[M].北京:人民法院出版社,2015:788,833-834.

② 张卫平.案外人异议之诉[J].法学研究,2009(1):6;谭秋桂.强制执行法学(第3版)[M].北京:北京大学出版社,2015:307.

③ 江必新.强制执行法理论与实务[M].北京:中国法制出版社,2014:456-459;杨与龄.强制执行法论[M].北京:中国政法大学出版社,2002:201.

④ 唐力.案外人执行异议之诉的完善[J].法学,2014(7):143.

象（诉讼标的），其中执行关系也是私法关系，案外人异议之诉一旦胜诉，便可命令（即设定义务）执行机关不得执行。① 司法实务界则认为它是一种复合型的新类型诉讼，是形成之诉和确认之诉的结合体，② 笔者将其概括为"混合型诉讼说"。然而，《民诉法解释》的出台并未解决这个疑问，反而让人更加疑惑，因为第312条第2款的规定与司法实务界的"混合型诉讼说"不符：依照该款的文义解释，只有在当事人提起确认实体权利的请求时，法院才能对排除执行的请求和确认实体权利的请求一并裁判。如果反面解释的话，当事人如果没有提出确认实体权利的请求，基于处分原则的要求，法院不能突破当事人的诉讼请求对实体权利进行裁判，那么诉讼仅产生排除执行行为的效果。这样一来，案外人异议之诉的性质更接近于"形成诉讼说"。笔者认为，在实践中较为务实的做法是，案外人在提起异议之诉时，法院可以行使释明权，尽可能让当事人一并提起两种请求。③ 还应该强调的是，案外人异议之诉直接针对他人对自己实体权利的争议而提起的，而非针对他人之间的裁判或调解书，因此，它是一种元诉讼，④ 是作为事前程序的特殊救济程序。

再次，程序不同。案外人异议之诉是执行救济制度的一种，只用于执行阶段，即执行开始直到对该标的物的强制执行程序终结，⑤ 须经过执行机构审

---

① 张卫平.案外人异议之诉[J].法学研究，2009（1）：9.
② 江必新.强制执行法理论与实务[M].北京：中国法制出版社，2014：459；杜万华.最高人民法院民事诉讼法司法解释实务指南[M].北京：中国法制出版社，2015：522.
③ 有学者主张我国可借鉴《德国民事诉讼法》第771条第2款强制诉讼合并的做法，将两个诉讼请求强制合并，从而可以一次性解决纠纷，避免矛盾裁判。参见赵秀举.论民事执行救济：兼论第三人执行异议之诉的悖论与困境[J].中外法学，2012（4）：851。
④ 张卫平.中国第三人撤销之诉的制度构成与适用[J].中外法学，2013（1）：169-184.
⑤ 《执行异议和复议规定》第6条第2款将执行程序终结分为整体终结和特定终结。参见江必新，刘贵.最高人民法院关于人民法院办理执行异议和复议案件若干问题规定[M].北京：人民法院出版社，2015：86-87.

查和作出裁定的前置程序。第三人撤销之诉可由第三人直接提起,无前置程序。

最后,与原裁判的关系不同。执行异议之诉针对的是执行的标的,与作为执行名义的生效法律文书没有关系。第三人撤销之诉针对的是已经生效的法律文书,这些法律文书未必都能进入执行程序。只要生效的文书损害了第三人的合法权益,符合起诉条件的,均可以提起第三人撤销之诉。

(二)适用问题

因为两者存在着较大的差别,一般而言并不存在适用上的重合,《民事诉讼法》和《民诉法解释》采用"事项—时段"分置的方式,使得二者分时段、分事项实现各自的程序功能,从而排除了适用竞合的可能性。[①] 第三人撤销之诉的提起并不排斥执行异议的提起,这一点从《民诉法解释》第303条第1款便可得知。不过,因为第三人撤销之诉已经处于诉讼系属之中,即便执行异议被法院裁定驳回,案外人也不能再提起再审之诉,下文将进行详细阐述。有学者认为,在本诉(原诉)判决确定之后,发生诉讼标的移转的情况下,若原告获得胜诉判决,则基准时后的继受人可能受判决效力(执行力)所及,在特定情况下,继受人也可能成为被执行人,所以,在原告申请强制执行前,继受人可预先提起第三人撤销之诉,以排除强制执行。此后,若继受人成为被执行人,他可以合并提起或变更为债务人异议之诉。[②] 例如,A起诉B,请求法院判决B返还属于A所有的汽车,A获得胜诉判决后,B将汽车转售给C,C事先不知该诉讼的存在,则构成善意取得,C可以在A申请强制执行之前,预先提起第三人撤销之诉。

---

① 韩波.分置、合并与转向:程序关系之维的案外人异议之诉[J].法学论坛,2016(4):29.

② 邱联恭.口述民事诉讼法讲义(三)[M].台北:元照出版有限公司,2017:398;许士宦.民事诉讼法(下)[M].台北:新学林出版股份有限公司,2019:632.

还需要指出的是，个别实务界人士认为，执行异议之诉被驳回后仍可提起第三人撤销之诉，①笔者认为这种观点有待商榷，因为提起执行异议之诉的前提是案外人对执行异议裁定不服，根据《民诉法解释》第303条第2款的规定，一旦有执行异议的存在，第三人撤销之诉的救济途径便不复存在，自然不存在执行异议之诉被驳回后再提起第三人撤销之诉的可能性。

三、第三人撤销之诉与再审程序

（一）第三人撤销之诉与案外人申请再审

作为特殊的形成之诉②，再审之诉和第三人撤销之诉都是对生效裁判既判力的突破，均为事后特殊救济程序。据学者对司法实务的考察，再审程序是规制虚假诉讼的主要渠道。③正是由于性质和功能上的相似性，第三人撤销之诉和案外人申请再审的关系及其协调问题自《民事诉讼法》修正以来，一直是理论界和实务界关注度较高、讨论较多的问题。

案外人申请再审在《民事诉讼法》中无直接规定，并非明确的法律概念，是最高人民法院在相关司法解释中使用的概念，用于解释《民事诉讼法》第227条的"依照审判监督程序办理"的规定。如前所述，案外人申请再审可以分为执行程序外的案外人申请再审（案外人直接申请再审、一

---

① 夏群佩，王新平.执行异议之诉被驳回后仍可提起第三人撤销之诉[J].人民司法，2015（10）：111-113.

② 一般认为，再审之诉的性质属于特殊的形成之诉，参见常怡.民事诉讼法学[M].北京：中国法制出版社，2008：502.

③ 吴泽勇.民事诉讼法理背景下的虚假诉讼规制[J].交大法学，2017（2）：8.

第一章 第三人撤销之诉制度概述

般案外人申请再审）和执行程序中的案外人申请再审两种，分别规定在《民事再审解释》第5条第1款和《民事诉讼法》第227条、《民事再审解释》第5条第2款和《民诉法解释》第423条。我国部分学者基于《民事诉讼法》第227条规定，在讨论第三人撤销之诉和案外人申请再审的关系问题时，将上述两种不同的案外人申请再审形式不加区分，糅合在一起讨论。①他们均认为案外人申请再审的前提条件之一是已经提出的执行异议被法院裁定驳回，故不难看出，其内核实为"执行程序中的案外人申请再审"。笔者认为，《民事再审解释》尚未失效，两种案外人申请再审仍然存在，从法解释学的立场出发，对它们应分开讨论以示区分，同时也有利于把握第三人撤销之诉存在的必要性。

1. 第三人撤销之诉与执行程序外的案外人申请再审的关系

所谓执行程序外的案外人申请再审，是指没有参加他人之间诉讼的案外人对已经生效的原判决、裁定和调解书确定的执行标的物主张权利，且无法通过另诉的方式解决，在法定的期间内向法院申请再审制度。

通过最高人民法院司法解释释义书的相关介绍可知，②执行程序外的案外人申请再审可以被视为是对第三人撤销之诉的一种探索。可能也正因为如此，随着第三人撤销之诉的设立，执行程序外的案外人申请再审便淡出了人们的视野，《民诉法解释》没有对该制度进一步作出规定。尽管如此，仍有不少论者认为，和第三人撤销之诉进行区分的案外人申

---

① 马登科.执行案外人再审之诉的法理基础和司法适用［J］.广西社会科学，2011（6）：68；王亚新.第三人撤销之诉的原告适格的再考察［J］.法学研究，2014（6）：137.

② 江必新.最高人民法院关于适用民事诉讼法审判监督程序司法解释理解与适用［M］.北京：人民法院出版社，2008：59-62.

请再审主要是指"执行程序外的案外人申请再审"。①虽然第三人撤销之诉与执行程序外的案外人申请再审在规制对象和制度功能等方面相近,但仍有不少区别:(1)制度目的不同。再审程序是我国司法"实事求是,有错必究"原则的重要表现,其目的在于彻底地纠正错误,因此对生效裁判文书的既判力影响较大,而第三人撤销之诉的目的更侧重于"止错",未必彻底颠覆原审裁判的结果,一定程度上克服了再审对程序安定性的冲击②。(2)程序启动原因不同。第三人撤销之诉的启动是生效裁判文书错误且损害了第三人民事权益,案外人再审的提起则限于案外人对执行标的物主张权利且无法提起新诉。(3)适格原告不同。如前所述,"案外人"的范围较广,但在原审中被告型无独立请求权第三人不能申请再审,③此外,案外人本应作为必要共同诉讼的当事人的(《民事再审解释》第42条),也可以申请再审;而第三人撤销之诉的原告却是《民事诉讼法》第56条规定的"第三人"。(4)适用的审理程序不同。第三人撤销之诉是独立的新诉,法律或司法解释没有规定的,撤销之诉适用普通程序的规定;而再审之诉是对原裁判的重新审理,且需要向上一级法院申请,④故要根据不同的情况适用不同审理程序。

经过对比,不难看出,虽然执行程序外的案外人申请再审的原告范围

---

① 吴泽勇.第三人撤销之诉的原告适格[J].法学研究,2014(3):151;张兴美.第三人撤销之诉的中国表达[D].长春:吉林大学,2017.

② 肖建国.论案外人申请再审的制度价值与程序设计[J].法学杂志,2009(9):63-66.

③ 袁琳.主体要件视角下的案外人申请再审制度与第三人撤销之诉制度研究[J].西部法学评论,2016(1):5.

④ 不过现行《民事诉讼法》出于平衡法院审判负担及便利当事人的考量,已经对再审的管辖法院做出了修改,在特定情况下,原审法院也可以对再审享有管辖权,参见《民事诉讼法》第199条。

第一章 第三人撤销之诉制度概述

较广，但将执行标的限缩为执行标的物①、以不能另诉作为申请再审的条件以及合议庭的形式审查的方式等内容限制了执行程序外的案外人申请再审功能的发挥。

关于第三人撤销之诉与执行程序外的案外人申请再审的适用顺序，法律和司法解释并未作出规定，浅见认为，从功能主义的视角出发，应该具体问题具体分析，当事人可以自由选择，对于二者存在重合的部分，择优适用，对于不重合的部分，分别适用。②

2. 第三人撤销之诉与执行程序中的案外人申请再审的关系

与审判程序的等腰三角形结构不同，强制执行程序中注重执行效率，法院作出的生效裁判在执行程序中也可能会损害案外人的合法权益，需要构建案外人的救济制度。案外人异议之诉和执行程序中的案外人申请再审都以案外人提起执行异议为前置程序，但是两者其实是针对不同事项、适用不同程序的分置模式，并非相同情形下的并行程序。③所以，在执行程

---

① 按照最高人民法院的理解，这里的对执行标的物主张的权利主要是指物权。参见江必新.最高人民法院关于适用民事诉讼法审判监督程序司法解释理解与适用[M].北京：人民法院出版社，2008：66。至于司法解释的限缩性规定是否合法合理，学界有不同观点。反对者认为这种限缩与现有的法律规定不符，且有侵犯案外人提出执行异议和申请再审的权利之嫌，参见任重.回归法的立场：第三人撤销之诉的体系思考[J].中外法学，2016（1）：159-160；也有学者对这种限定表示理解，因为《民事再审解释》第5条第1款将《民事诉讼法》第227条对案外人实体权利的保护扩大到了执行程序之外，那么在划定适用范围时进行限缩，体现了司法解释制定者的自我克制。参见吴泽勇.第三人撤销之诉的原告适格[J].法学研究，2014（3）：151-152。

② 有学者已从主体要件的视角出发，分析了两种程序的重合外区域和重合区域，在重合区域内，基于对执行产生的影响和诉讼期限的考量，如果第三人更关注确认物权，则更宜选择申请再审。袁琳.主体要件视角下的案外人申请再审制度与第三人撤销之诉制度研究[J].西部法学评论，2016（1）：11。

③ 韩波.分置、合并与转向：程序关系之维的案外人异议之诉[J].法学论坛，2016（4）：27.

序中，真正能与第三人撤销之诉构成程序竞合的应该是执行程序中的案外人申请再审。两种救济程序启动的原因都是错误的生效裁判文书（含调解书）损害了作为原告的案外人（第三人）的民事权益，且管辖法院也一致，这使得二者非常接近。它们在程序建构上最大的不同主要是案外人欲申请再审建立在对法院提出执行异议且已被驳回的前提之下，而提起第三人撤销之诉并不需要这样一个前置程序。

既然二者如此相近，立法和司法解释又都作出了相应规定，并没有删除其中一方，那么如何协调二者对的关系便成为不得不处理的问题。最高人民法院最终决定在《民诉法解释》中根据"先来后到"原则确定两种程序的适用顺序，当然，两种特殊的救济程序只能择一行使，一旦选定便无法另行变更。具体而言，若案外第三人先提出执行异议，若异议被法院驳回，若认为合法权益被生效法律文书侵害，只能申请再审；若案外第三人先提起第三人撤销之诉且生效裁判文书并未中止执行，此时若案外第三人提起了执行异议被驳回，其也丧失了申请再审的权利。从权利保护的期间出发，申请再审比撤销之诉更有利于第三人。④ 从执行的角度看，根据《民事诉讼法》第 206 条的规定，再审具有直接中止原生效法律文书执行的法律效果，在针对物权纠纷时，申请再审的优势也比较明显。

但是，也应该看到，《民诉法解释》第 303 条对案外人申请再审和第三人撤销之诉的分流，是借助案外人异议实现的，这种前置程序的设计，实际上是将案外人异议与第三人撤销之诉推向了"对立面"⑤，这种操作与前文所阐述的案外人异议与第三人撤销之诉并行无碍的程序原理相悖，

---

④ 沈德咏. 最高人民法院民事诉讼司法解释理解与适用[M]. 北京：人民法院出版社，2015：810-811.

⑤ 张兴美. 第三人撤销之诉的中国表达[D]. 长春：吉林大学，2017.

这使得第三人必须着眼于程序选择，而无法通过执行异议及时防止损害的扩大，不利于第三人合法权益的保障。

（二）第三人撤销之诉与其他再审的关系

除了案外人申请再审之外，一般的再审按照启动方式的不同可以分为法院决定再审、当事人申请再审和检察院抗诉再审。通常认为，第三人撤销之诉和一般再审可以分别启动，并不会出现"程序竞合"，也没有讨论相互关系的必要。但是，他们针对的对象毕竟均为生效的裁判文书，实践中难免会发生交集，若处理不当，可能会有矛盾判决的产生，这也与诉讼经济原则不符。同时，结合第三人撤销之诉和一般再审的管辖法院，[①]《民诉法解释》第301条对第三人撤销之诉与原审再审之间[②]的关系进行了规定，最终选择再审程序吸收第三人撤销之诉合并审理的形式。申言之，若第三人撤销之诉尚未审结，原审案件进入再审程序时，撤销之诉并入再审程序，并根据再审审理程序的不同作出不同的处理结果：若再审程序是按照一审程序审理，第三人的诉讼请求和再审申请人的诉讼请求一并审理，分别作出裁判，所做裁判均可以上诉；若再审是按照二审程序审理，为了保护第三人的审级利益，法院应当先行调解，调解不成，发回一审法院，并列明第三人以提醒一审法院注意追加或者通知第三人参加诉讼。但是，如果有

---

① 申言之，若选择第三人撤销之诉吸收再审程序，则可能出现上级人民法院审理的再审案件并入下级人民法院审理的第三人撤销之诉的情形，这显然不符合管辖权的基本原理。

② 需要说明的是，有司法解释释义书中认为本条是对第三人撤销之诉和原审诉讼当事人申请再审之间的规定，参见沈德咏.最高人民法院民事诉讼司法解释理解与适用[M].北京：人民法院出版社，2015：807。但笔者认为，这里的再审应当包括上述三种启动方式。因为不管是通过什么样的形式启动再审，人民法院最终均需要"裁定"再审（《民事再审解释》第32条），根据《民诉法解释》第301条的文义，我们无法得出此条文对再审启动的方式进行了限缩，只包括当事人申请再审一种。

证据证明原审当事人恶意串通侵害第三人合法权益的，应当中止再审程序，先审理撤销之诉。

当然，司法实践的情况往往是复杂多样的，如果人民法院裁定再审在先，第三人提起撤销之诉在后，该如何处理，司法解释并没有作出规定。浅见认为，这种情形下，第三人撤销之诉也应当并入到再审程序进行审理。如果第三人撤销之诉已经审结，再审尚在审查阶段，当事人若对第三人撤销之诉撤销或改判的部分不服，只能对此部分提起上诉，再审审查程序即告终结；对于未撤销和改判的部分，仍可以继续审查。①

---

① 江必新.新民诉法解释法义精要与实务指引（上）[M].北京：法律出版社，2015：715.

第二章　第三人撤销之诉制度的比较法考察

德国法学家塞克尔曾言：不知别国法律者，对本国法律便也一无所知。海因·克茨教授则进一步剀切地指出：只有具备有关外国法律制度的知识，方能正确地理解本国的法律。通过法律的比较，不仅能加深对本国法律的理解，还能从中获得关于如何改进和发展本国法律的重要启迪。① 当然，比较法学的考察对象，既可以是不同国家的法律制度，也可以是同一国家不同法域间的法律制度；既可以对法律通盘比较，也可以对某一项法律制度进行比较。作为重要的法学分支，民事诉讼法的研究也需要采用全球化的研究方法。② 但比较研究必须摆脱"A+B=C"的论证模式，而是要探究法律规范背后的价值目标、功能预设及其运行效果，并据此分析其规范设计和运行的技

---

① ［德］茨威格特，克茨. 比较法总论（上）[M]. 潘汉典，米健，高鸿钧，等译. 北京：中国法制出版社，2017：1.

② Oscar G. Chase, Helen Hershkoff, Linda J. Silberman, et al. Civil Litigation in Comparative Context [M]. 2nd ed. West Academic Publishing, 2017: 1-2.

术原理。①基于以上认知，本章将对其他国家的相似制度予以比较法的考察。需要说明的是，其他国家的相似的制度与我国的第三人撤销诉在含义、价值目标、功能预设及程序设计等方面并非一一"映射"，但正是彼此间的差异性，对我国现行第三人撤销之诉制度的进一步完善具有重要参考价值。

第一节　法国第三人撤销之诉制度

一、制度形成与正当性基础

（一）基本含义

第三人撤销之诉的法语表达为"tierce opposition"，早期有学者将其译为中文为"第三者抗诉"，②后来又有学者将其译为"第三人取消判决的异议""第三人（案外人）异议（之诉）""第三人撤销判决之诉"，等等。为了行文的方便和统一，本节将其称为第三人撤销之诉。

对于第三人撤销之诉的具体含义，除了《法国新民事诉讼法典》第582条③给出的法律定义之外，于学理上，法国学者让·文森教授和塞尔

---

① "A+B=C"论证模式是指：A. 中国实践或制度的某些弊端（病灶）；B. 几条国外的立法例（药品）；C. 移植外国立法例的建议（疗方）。参见傅郁林. 改革开放四十年中国民事诉讼法学的发展从研究对象与研究方法相互塑造的角度观察［J］. 中外法学，2018（6）：1442。

② 北京政法学院民事诉讼法教研室. 外国民事诉讼法参考资料（第一册）［M］. 北京：北京政法学院民事诉讼法教研室，1982：264.

③ 第582条规定："第三人撤销之诉是第三人为保护本人利益免受某个判决的侵害而提起的要求撤销或变更该判决的诉讼。第三人撤销之诉针对该判决中已确定的争点提出质疑，借此在事实和法律层面上重新作出判决。"巢志雄. 法国第三人撤销之诉研究——兼与我国新《民事诉讼法》第56条第3款比较［J］. 现代法学，2013（3）：159。

第二章　第三人撤销之诉制度的比较法考察

日·金沙尔教授将其界定为：当第三人因其作为局外人的判决所产生的效果受到损害威胁时，为之设置的一种非常上诉途径；①蒂西耶教授将第三人撤销之诉定义为：第三人撤销之诉系用以对抗既存裁判的救济方法，其提起之主体乃在该受对抗之裁判作成程序中，未曾出现亦未曾受到代表之人，而主张该裁判侵害其权利者；② Peter Herzos 教授和 Martha Weser 教授则认为，第三人撤销之诉系诉讼双方当事人以外的人，因法院对当事人作出的裁判侵害了其权益，从而对该裁判提出异议的一种程序设置（procedural device）。③ 由此可见，尽管不同的学者对第三人撤销之诉的定义略有不同，但大都涵盖第三人撤销之诉的性质、提起的主体和条件等方面的内容，下文也将对这几项内容进一步阐述。

法国的第三人撤销之诉可以进一步细分为主体性第三人撤销之诉（tierce opposition principale）和附带性第三人撤销之诉（tierce opposition incidente）。④ 通过独立的程序（即不存在一个正在进行的诉讼程序）来提起的是主体性第三人撤销之诉；先前的已决判决可能会对正在诉讼的一方当事人（该当事人系先前诉讼的第三人）造成损害，若该当事人在现在的诉讼对已决判决提出异议的，为附带性第三人撤销之诉。后者在司法实践中并不经常出现。当然，两者因提起诉讼的方式不同，将适用不同的程序法规则，下文将有所阐述。

---

① ［法］让·文森、塞尔日·金沙尔.法国民事诉讼法要义（下）[M].罗结珍，译.北京：中国法制出版社，2001：1282.

② A. Tissier. Théorie et pratique de la tierce opposition, Arthur Rousseau ED [M]. Paris, 1890: 5. 转引自黄源浩.再访法国民事第三人撤销诉讼：法律效力[J].东海大学法学研究，2019（56）：5-6.

③ Peter Herzog, Martha Weser. Civil procedure in France [M]. Martinus Nijhoff, 1967: 468.

④ Peter Herzog, Martha Weser. Civil procedure in France [M]. Martinus Nijhoff, 1967: 469.

（二）制度简史

"制度乃历史产物"①，任何法律制度的形成都不是一朝一夕的事，都有一个演化的过程。对于第三人撤销之诉的产生、发展而言亦不例外。众所周知，法国是典型的大陆法系国家，其法律自然深受罗马法的影响。曾有学者认为法国的第三人撤销之诉可以追溯到罗马法上"保利安之诉"②（actio pauliana）。但是，就此观点，反对意见则认为，民法上的保利安之诉和现代意义上第三人撤销之诉的关系不大，"罗马人并不关心在他人间裁判侵害权利的情况下给予特殊救济机会这个制度。我们所称的普通意义或固有意义的第三人撤销（之诉）并不存在。第三人的权利，大体上在既判力的相对性原则之下，就可以受到足够的保护了"③。

实际上，尽管法国是大陆法系国家，但其民事诉讼法并非仅受罗马法的恩泽，通过对法国民事诉讼法史的考察便可得知，法国民事诉讼法的现代化得益于中世纪的教会法诉讼程序和国王敕令，其中，国王敕令更是让法国的民事诉讼程序得以规范化和精细化。④法国的第三人撤销之诉制度

---

① ［日］中村宗雄，中村英郎.诉讼法学方法论［M］.北京：中国法制出版社，2009：3.
② 保利安之诉与现代民法的债权人撤销权形似，具体是指，如果资不抵债的债务人为对债权人实行欺诈而将自己的财产转让给第三人，从而使债权人得不到清偿，即可对该债务人提起此诉讼，要求执法官撤销债务人实施的转让行为。参见［奥］尤根·埃利希.法律社会学基本原理［M］.叶名怡，袁震译.南昌：江西教育出版社，2014：100；关于保利安之诉的详细介绍，还可参见［意］彼德罗·彭梵得.罗马法教科书［M］.黄风，译.北京：中国政法大学出版社，2018：334-335。
③ 黄源浩.法国民事第三人撤销诉讼：要件及诉讼利益［J］.辅仁法学，2017（54）：13.
④ 参见［法］艾涅斯特·格拉松.法国民事诉讼程序的起源［M］.巢志雄，译.北京：北京大学出版社，2013：25。当然，教会法和罗马法并非泾渭分明，毫无关联，如在诉的体系方面，罗马法对教会法程序就有直接的影响。有关教会法和罗马法二者关系的详细论述，可参见［美］哈罗德·J.伯尔曼.法律与革命：西方法律传统的形成［M］.贺卫方，高鸿钧，张志铭，等译.北京：法律出版社，2018：269-271。

就受到国王敕令的直接影响。有学者认为,第三人撤销之诉制度源于1539年8月颁布的《维勒科特莱敕令》,因为该敕令中有对第三人恶意提起撤销之诉的罚则,但这种观点饱受质疑。①

法国的通说认为,第三人撤销之诉源于1667年的《民事司法改革敕令》中的"tièrce opposition"制度。② 这个又被称为《路易法典》的皇家敕令影响巨大,以至于1806年《法国民事诉讼法典》的大部分内容都是从该敕令中照搬而来。该敕令中规定了两种目的不同的"tièrce opposition"制度:"一是第三人对他人间可能侵害自己权益的判决提出变更申请;二是第三人以停止执行为目的,对他人间有损自己权益的判决提起异议。"③ 同时,该敕令在《维勒科特莱法令》规定的罚则的基础上,作出规定:如果第三人在撤销之诉中败诉,该第三人将被处以罚金。半数的罚金上缴国库,另一半罚金作为给当事人的赔偿。④ 随后,这些规定被进一步修改完善,并纳入1806年《法国民事诉讼法典》中。⑤

20世纪70年代初期,法国先后颁布了四个新的法令对1806年《法国民事诉讼法典》进行修改,并最终定名为《法国新民事诉讼法典》。涉及第三人撤销之诉的条文规定在《法国新民事诉讼法典》第三副编"非常上诉途径"的第一章"第三人异议"第582~592条中,共计11个条文。此外,

---

① 陈逸飞.法国第三人撤销之诉研究[D].湘潭:湘潭大学,2013.
② [法]艾涅斯特·格拉松.法国民事诉讼程序的起源[M].巢志雄,译.北京:北京大学出版社,2013:143;[法]让·文森、塞尔日·金沙尔.法国民事诉讼法要义(下)[M].罗结珍,译.北京:中国法制出版社,2001:1286.
③ 陈逸飞.法国第三人撤销之诉研究[D].湘潭:湘潭大学,2013.
④ [法]艾涅斯特·格拉松.法国民事诉讼程序的起源[M].巢志雄,译.北京:北京大学出版社,2013:144.
⑤ 1806年《法国民事诉讼法典》规定了相对完整的第三人撤销之诉制度,用第474条至第479条共计6个条文对第三人撤销之诉的概念、提起、受理、管辖、效力和罚则等内容予以规定。

第579～581条三个条文是"非常上诉途径"的共用条文，同样也可以适用于第三人撤销之诉。除了第583条第2款后半段有关"非讼案件终审裁决"的规定系1981年第81-500号法令新增之外，有关第三人撤销之诉的条文自20世纪70年代入法典后便再未修改，但是这种超稳定的法律结构并未使得法律适用统一、无疑，这些条文中不乏过于原则性的规定，法官在适用时自然需要运用自由裁量权进行解释乃至在出现法律漏洞时"造法"，如此一来，便积累了大量的判例。因此，可以说，法国的第三人撤销之诉也建立在司法实践的基础之上，判例对第三人撤销之诉的形塑和完善具有重要的意义。

（三）正当性基础

制度的正当性取决于"正当化的过程"以及为了达到这一目的而运用的"说服的技术"。① 为了说明第三人撤销之诉制度的设立并非没有意义，② 而是具有不可替代的功能或价值，有必要对制度设立的正当性基础进行分析。换言之，需要解决第三人撤销之诉到底是必然性的诉讼制度抑或是选择性的诉讼制度这个问题。

一般认为，第三人撤销之诉以对抗他人间的确定判决之既判力对于第三人的不利益为主要功能。根据民事诉讼既判力相对性原则，既判力的主观范围原则上仅在双方当事人之间，《法国民法典》第1355条对此有明

---

① ［英］尼尔·麦考密克，［澳］奥塔·魏因贝格尔.制度法论［M］.周叶谦，译.北京：中国政法大学出版社，2004：6.

② 法国有个别学者认为，第三人撤销之诉制度的设置没有意义，在民事诉讼法领域无适用的空间，该主张可以称之为"无功能说"。对于第三人撤销之诉制度的功能，法国主要存在以下几种学说：无功能说；类似不予受理说；阻止执行说；排除物权裁判说；打破欺诈判决说，各个学说的具体主张可参见陈逸飞.法国第三人撤销之诉研究［D］.湘潭：湘潭大学，2013。

确体现。① 那么，既然第三人本来就不受判决既判力的束缚，为什么还要设置这样一种独立的救济制度来"保护"第三人的利益呢？有鉴于此，有部分学者认为：我们需要自问的是，第三人撤销之诉究竟有无存在的必要，或者这是否确实是一个有用的制度？毫无疑问，在诈欺或诈骗的案件中，判决的效力不应当作为侵害的工具。此时应当给予判决第三人撤销以外的另一个名义，并给予较短的救济期间。但是，在民事诉讼法制中，给予第三人提起一个诉讼用来主张判决对其不生效力，或者以第三人的地位请求撤销或变更的地位是有用的吗？既然判决相对于第三人言本来就是不生效力的，便没有必要给予第三人救济的途径。还有学者指出，需要动用第三人撤销之诉的案件，仅少数属诈欺或诈害诉讼，而且在大多数情况下，第三人可以主张该一既存判决系他人间的事务，与我无涉。还有人认为，允许第三人提起撤销之诉就是对判决既判力的背反，破坏了法的安定性。

但是，如果运用民事诉讼理论审视上述观点，尤其是结合法国司法实践的实际情况后便会得知，上述观点并不能成立。专门设置第三人撤销之诉制度的正当性基础体现在以下几个方面。

其一，司法实践中，本案判决对第三人造成损害并非仅有诈欺或诈害诉讼一种，由于法律关系复杂，诉讼的形态也是多种多样的。任何法律事实、

---

① 《法国民法典》第1355条规定：既判力仅对已经判决的事由发生。请求之物应为同一物；诉讼请求应基于同一原因；诉讼应在相同的当事人之间进行，并且应是由同一的原告针对同一的被告以同一身份提起。法国民法典［M］.罗洁珍，译.北京：北京大学出版社，2010：342。（因法国在2016年对民法典的债法部分进行了修改，致使条文顺序有所变化，所以现行民法第1355条系修改前的第1351条，因条文内容未变，故仍然引用罗洁珍教授的译文，特此说明。）当然，在法国，既判力相对性原则也存在例外，在若干特殊领域如国籍的判断、亲属关系之判断等，会例外地出现判决对第三人发生效力的情形，具体见《法国民法典》第29-5条、第324条之规定。

任何法律行为，即使表面上仅涉及一两个人，但都可以有更大的辐射范围。①鉴于客观事实和利益关系的复杂性，生效判决的效力仅及于本案当事人的"设想"是不符合实际的。②虽然既判力仅在当事人之间作用，但是法院的判决产生的对抗效力会及于第三人并对其产生损害。

其二，法国诉讼制度之所以需要赋予第三人广泛的撤销请求权，并非完全针对判决的既判力。实际上，既判力之排除只是表象，"透过此一诉讼判决对抗一既存裁判对第三人所造成之损害，特别是因判决履行或者强制执行之后所发生的实际上损害，事实上才是第三人撤销之诉这一特殊救济程序所要针对的目标。"③质言之，第三人撤销之诉并非排除的是判决的既判力，实际上是判决的执行力、拘束力，以及基于它们所产生的实际效果。

其三，第三人撤销诉讼的正当性基础还在于保障特定第三人基于《欧洲人权公约》而享有的程序基本权或者防御权。《欧洲人权公约》第6条第1款有关公正审判权之规定，虽系人权法的规范，但同样可以适用于民事诉讼领域已经成为学界共识并被司法实践所检验。如果第三人的利益受到本案判决的损害却没有相应的救济程序，显然就违反了《欧洲人权公约》的规定。因此，从《欧洲人权公约》第6条第1款的规定，法国民事法院引导出对于诉讼上当事人程序上防御权的普遍性尊重义务。诚如洛伊克·卡

---

① ［法］让·文森，塞尔日·金沙尔.法国民事诉讼法要义（下）[M].罗结珍，译.北京：中国法制出版社，2001：1284.

② 巢志雄.法国第三人撤销之诉研究——兼与我国新《民事诉讼法》第56条第3款比较[J].现代法学，2013（3）：160-161.

③ R. Martin. De l'utilité de la tierce opposition [M]. Gaz. Pal., 1991: 303; C. Bléry. L'efficacité substantielle des jugements civils [M]. 1. é d., 2000: 363. 转引自黄源浩.法国民事第三人撤销诉讼：要件及诉讼利益[J].辅仁法学，2017（54）：123.

迪耶教授所言，第三人撤销之诉的主要功能就在于，当判决对第三人利益造成损害的情况下，保证该第三人的对席裁判权。①

二、起诉要件

（一）主体要件

主体要件解答的是哪些具备何种条件的人可以提起第三人撤销之诉的问题。对此，《法国新民事诉讼法典》第583条第1款明确规定："有权提起第三人撤销之诉者是指对其所攻击的判决有利益存在，并且没有在形成该判决的诉讼程序中充当当事人或者借由代表人参与诉讼的任何人。"②通过对该条文进行文义解释可知，提起第三人撤销之诉的"第三人"应当满足以下两项条件：对其所攻击的判决有诉讼利益；非当事人，亦未受到代表。③需要注意的是，法国民事诉讼中的"第三人"与我国民事诉讼法中的"第三人"不能等同视之：前者系指"诉讼法律关系之外的人"，也就是说除当事人之外的人都可称之为"第三人"；后者系为"有独立请求权第三人与无独立请求权第三人"。显然，前者的范围要远远大于后者。

---

① ［法］洛伊克·卡迪耶.法国民事司法法［M］.杨艺宁，译.北京：中国政法大学出版社，2010：580.

② 巢志雄.法国第三人撤销之诉研究——兼与我国新《民事诉讼法》第56条第3款比较［J］.现代法学，2013（3）：164.

③ 也有学者将第2项要件进行了拆分，认为提起第三人撤销之诉的主体要件有3项。参见［法］让·文森，塞尔日·金沙尔.法国民事诉讼法要义（下）［M］.罗结珍，译.北京：中国法制出版社，2001：1287.

1. 有诉讼利益

根据《法国新民事诉讼法典》第31条的规定,[①]诉权要具备"诉讼利益"和"诉讼资格"两个要件。其中,诉讼利益尤为重要。法谚云:利益是衡量诉权的尺度,无利益则无诉权。如果法院认为第三人提起的撤销之诉欠缺诉讼利益,该诉讼自然会被驳回。

诉讼利益是指诉讼可能给当事人带来的收益、好处或者效益。[②] 因为诉讼利益本身是一个模糊性概念,从而难以建立起明确的标准来判定当事人有无诉讼利益。所以,某人是否有诉讼利益,有赖于法官的裁量和判断。通常可以从以下三个方面加以判断:请求的内容是否适合作为审判的对象(诉讼对象的问题);当事人对于请求是否具有正当的利益(当事人适格的问题);从周围的情况看,是否存在足以使法院对请求作出判断的具体实际利益(具体利益或者必要性的问题)。[③] 洛伊克·卡迪耶教授的观点更为简洁,他认为,如果当事人行使诉权可以为其受到的"损害"带来"救济",则该人就具有诉讼利益。[④] 法国的法院通过长年累月的司法实践,不断地形成和充实着诉讼利益的具体内容。

具体到第三人撤销之诉,只要第三人的利益受到损害,且该损害系由

[①] 第31条:"对某项诉讼请求之胜诉或败诉有正当利益的人均享有诉权,但法律仅赋予经其认定的有资格提出或攻击某项诉讼请求或者有资格保护某种特定利益的人以诉讼权利的情形,不在此限。"法国民法典[M].罗洁珍,译.北京:北京大学出版社,2010:71.

[②] 巢志雄.法国第三人撤销之诉研究——兼与我国新《民事诉讼法》第56条第3款比较[J].现代法学,2013(3):165.

[③] [日]原田尚彦.诉的利益[M].石龙潭,译.北京:中国政法大学出版社,2014:2.

[④] [法]洛伊克·卡迪耶.法国民事司法法[M].杨艺宁,译.北京:中国政法大学出版社,2010:299.

受到攻击的判决（特别是判决主文）所直接形成的，就可以认定为第三人具备诉讼利益。受损的"利益"可以是物质利益，也可以是精神利益；既可以是已生的（现时的）损害，也可以是可能的（潜在的）损害（dommage potentiel）①。需要强调的是，诉讼利益具有私有性，故唯有提起第三人撤销之诉系为了保护自己的利益，该诉讼才具有可受理性。基于此，法国最高法院的判例认为，检察官不得因判决侵害了公益而提起第三人撤销之诉。不过，整体而言，法院对于诉讼利益之解释并未采取严格的立场，而是采取更为开放、宽容的态度去处理司法实务中产生的复杂多样的案件。

2. 非当事人又未被代表

对于这项要件，也可以称之为前述《法国新民事诉讼法典》第31条的"诉

---

① 传统的观点认为，诉讼利益必须是已生的、现时的利益，但这种观点已经被司法实践所修正。雷恩上诉法院在2006年作成的CA Rennes, 9 mai 2006, Rouxel / Caisse Régionale CréditAgricole Mutuel DES Côtes D'Armor一案的裁判可兹证明。该案所涉及之事实及争议略为：从1992年到1996年之间，Caisse Régionale Crédit Agricole Mutuel DES Côtes D'Armor公司（以下简称农业信贷银行）对于La SCEA les Pépiniersde Bretagne公司（以下简称不列塔尼苗圃公司）有数笔借款。这些借款，主要系由诉外人Rouxel先生书立连带保证书，担保苗圃公司的清偿。但是因为经营不善以及气候异常造成之损失，不列塔尼苗圃公司无法继续经营下去，乃在2003年2月18日，由苗圃公司向圣布里厄地方法院申请进入清算程序，并获得法院之裁定许可。然而，在清算程序开始后，农业信贷银行乃于2004年4月9日向该公司负责人David女士请求清偿由Rouxel先生担保的债务，此际，Rouxel借口与苗圃公司另有债务关系、曾经销售一批检疫设备给该公司未获清偿货款为理由，要求将债权列入清算债权。地方法院嗣后针对前述清算申请作成准许清算之裁定，农业信贷公司乃不服，提起第三人撤销之诉。在该案中，最重要之争点是作为清算程序中第三人的农业信贷银行，其因为Rouxel先生申报之（可能）不实之债权，有可能受到清算结果之侵害。在这样的意义之下，可能发生之损害是否足以成为支持第三人撤销之诉的诉讼利益？在该案判决中雷恩上诉法院系采取肯定之见解，乃使得第三人撤销之诉之诉讼利益，被认为不以具体已发生者为限。参见黄源浩. 法国民事第三人撤销诉讼：要件及诉讼利益［J］. 辅仁法学，2017（54）：158-159。

讼资格"。有人认为，只要没有参与原诉审理的人，均有提起第三人撤销之诉的资格，①笔者不认同此观点，比如对于夫妻双方作为当事人的离婚诉讼而言，夫妻双方之外的人就无法提出第三人撤销之诉。实际上，在法国的民事诉讼实践中，所谓的"第三人"事实上是受到严格解释的拘束的，并非任何"非当事人又未被代表"之人，均能在诉讼上毫无困难地成为适格的第三人。

不论是原诉的原告、被告或者是诉讼参加人，均丧失了提起第三人撤销之诉的资格。但在特殊情况下，判决的一方当事人可以以另一种身份提出第三人撤销之诉。②不过，对于缺席判决而言，缺席的一方当事人也不得以第三人的身份提起撤销之诉。

在法国，"代表人"的范围包括但不限于：委托人、代理人、权利义务被继受人、债务人和共同利害关系人等。③在此意义上，夫妻之间在共同财产关系中互为代表，股东被公司所代表、保证人被主债务人代表，分租人被承租人代表，各连带债务人互相代表，等等，被代表的人都无法成为第三人撤销之诉的适格原告。法国最高法院甚至曾经认定：在没有严格意义上的代表的情况下，判决的一方当事人即使有紧密依赖的人提出第三人撤销之诉，也不能受理。④质言之，只要一个人的利益在事实上有一"辩护人"，那么他就丧失了提起撤销之诉的机会。法院对"代表"的这种宽

---

① 张丽丽.第三人撤销之诉研究[M].北京：知识产权出版社，2016：56-57.
② 巢志雄.法国第三人撤销之诉研究——兼与我国新《民事诉讼法》第56条第3款比较[J].现代法学，2013（3）：164.
③ 巢志雄.法国第三人撤销之诉研究——兼与我国新《民事诉讼法》第56条第3款比较[J].现代法学，2013（3）：165.
④ 法国民事诉讼法典（附判例解释）（上）[M].罗结珍，译.北京：法律出版社，2008：638.

泛的解释，实际上起到了限制提起第三人撤销之诉的效果。

晚近以来，随着关涉"代表"之内涵的案例不断增多，诉讼实务中出现了以是否系"利益共同体"的标准来判断第三人是否被诉讼当事人所代表，其主要的情形系指多数人在同一名义之下行使共同或集体性权利的情形。① 因为该标准过于宽泛而模糊，法国最高法院也在通过判例不断对这一标准进行修正。在 Niurai dit Ignace Tetoka c/ Mauri dit Tu et a. 一案中②，最高法院就指出因继承而发生的共有关系所形成的利益共同体，未必足以表明彼此间存在有代表关系，因而撤销了上诉审判。换言之，在共同体内部，如果该共同体的成员认为与其他成员出现利害关系相矛盾的情形，亦可以提起第三人撤销之诉。

当然，《法国新民事诉讼法典》第583条第2款也规定了例外的情况：因为债务人常常被视为债权人的利益代表人，因此债权人一般不得就债务人与他人的债权诉讼所作出的判决提起撤销之诉，但当债权人或其他权利继受人因受到欺诈或者主张其固有之攻击防御方法时，可以就上述债务人与他人间的判决提出第三人撤销之诉。当然，第三人应该证明"欺诈"的存在，至于"欺诈"是否真实存在，则由法官进行评判。

此外，对于非讼案件而言，根据《法国新民事诉讼法典》的规定，判决书除了通知当事人本人外，还应通知与案件有利害关系的第三人，若没有通知的话，那么该第三人可以提出撤销之诉。③ 不过，如果非讼案件的

---

① J. Theron, De la communauté d'intérêts, RDTC, 2009, p.19. 转引自黄源浩. 法国民事第三人撤销诉讼：要件及诉讼利益［J］. 辅仁法学，2017（54）：154.

② 关于本案的中文介绍可参见黄源浩. 法国民事第三人撤销诉讼：要件及诉讼利益［J］. 辅仁法学，2017（54）：155-156。

③ 如果非讼案件的第三人得到了判决的通知，根据民事诉讼法的规定，其可以通过上诉程序进行救济，故丧失了提起撤销之诉的资格。

判决是终审判决,那么为了保障第三人的利益,即便该判决通知了第三人,其亦可提起撤销之诉。

(二)客体要件

确定了哪些人可以提出第三人撤销之诉,还有一个需要厘清的关键性问题是第三人可以对哪些判决提出撤销之诉。《法国新民事诉讼法典》第585条对客体要件进行了原则性规定,即第三人可以对所有判决提起撤销之诉,但法律另有规定的除外。在所有受法典化影响的法秩序中,由法院裁判而进行的互补性立法已不可或缺,①所以,对于这样宽泛的原则性规定,自然存在法官自由裁量和解释的空间,"判决"所囊括的范围有赖于法院实务见解的积累和总结。

概而言之,判决可以是诉讼判决,也可以是非讼判决;可以是普通法院作出的,也可以是特殊法院(庭)作出的;可以一审判决,也可以是终审判决;可以是终局判决,也可以是临时判决;可以是法院作出的,也可以是由仲裁机构作出的②;可以是针对财产关系的,也可以是针对身份关系的。甚至有法院曾作出裁判认为,第三人对紧急审理裁定③和法官在审前准备程序中作出的裁定也可以提起第三人撤销之诉。

但是,法律对客体要件的宽泛的规定不能被理解为:凡是法院作成的

---

① [奥]恩斯特·A.克莱默.法学方法论[M].周万里,译.北京:法律出版社,2019:205.

② 依照《法国新民事诉讼典》第1481条和第1501条的规定,对国内的仲裁裁决书和对拒绝承认或拒绝执行在外国作出的仲裁裁决或国际仲裁裁决的决定书,可以提起撤销之诉。

③ 《法国新民事诉讼法典》第484条规定:紧急审理裁定是指,在法院赋予并非受理本诉讼的法官立即命令采取必要措施之权力的情况下,应当事人请求,另一方当事人当场或对其进行传唤之后,作出的临时性裁判决定。法国民事诉讼法典(附判例解释)(上)[M].罗结珍,译.北京:法律出版社,2008:510。

任何决定均在第三人撤销之诉的攻击范围之中。其实，总结司法实践便可得知，针对以下判决第三人不能提起第三人撤销之诉：对已经向上诉法院提起上诉的判决中的上诉标的的事由；最高法院的判决；① 单纯的司法行政措施以及"经法院裁判任何的协议"；② 法国国内作出的仲裁裁决的执行决定；具有人身专属性质诉讼所作出的判决。不过，对于身份关系的诉讼而言，《法国民法典》及法院的实践也设置了若干例外，以离婚诉讼为例，因为离婚诉讼本身具有人身专属性，一般而言第三人不得提起撤销之诉，但是法国的判例认为，若因离婚诉讼的"次生效应"不合理地限制乃至剥夺了祖父母对孙子女的探视权，那么祖父母可以提起撤销之诉；此外，如前所述，如果夫妻双方的债权人认为夫妻双方系"假离婚、真逃债"，也可以提起撤销之诉。

三、审理程序

《法国新民事诉讼法典》第 586～588 条、第 592 条对第三人撤销之诉的审理程序作出了规定。如前所述，因第三人撤销之诉可以分为主体性第三人撤销之诉和附带性第三人撤销之诉，故二者在提出期限、管辖权这两个方面会存在区别。

---

① 这是最高法院通过判例确认的一项程序法规则，其原因有三：第一，最高法院仅对案件进行法律审，不进行事实审，理论上不会涉及利益的调整；第二，无论是驳回复核审请求还是撤销原判发回重审，第三人可以对生效判决或新的判决提出第三人撤销之诉，第三人仍有救济的途径；第三，最高法院在进行复核审时，第三人可以申请参加复核审，并进而有直接主张权利机会。参见巢志雄. 法国第三人撤销之诉研究——兼与我国新《民事诉讼法》第 56 条第 3 款比较 [J]. 现代法学，2013（3）：163-164。

② 法国民事诉讼法典（附判例解释）（上）[M]. 罗结珍，译. 北京：法律出版社，2008：641-642.

（一）提出期限

根据《法国新民事诉讼法典》第 586 的规定，对于主体性第三人撤销之诉，可以在判决宣判后的 30 年内提起，但对于附带性第三人撤销之诉，则不受该期限的限制。"法律不保护躺在权利上睡觉的人"，如果诉讼案件的判决书中对提出的期限和方式有明确规定，其业已向第三人通知，那么第三人应当在受通知后的 2 个月内（从受通知之日起计算）提起撤销之诉，对于非讼案件的终审裁决而言，受裁决通知的第三人也应在裁决通知后的 2 个月内提起撤销之诉。之所以做出这样的限制，概因敦促第三人及时行使权利，保护合法权益，并兼顾裁决的安定性。

此外，因法律另有规定导致第三人撤销之诉提起期限被缩短的其他情形还有：裁判夫妻分别财产、对变更夫妻财产制的裁判认可、夫妻协议离婚（期限均为 1 年），企业重整与清算（期限为 10 天），公司注销（期限为 6 个月），等等。

（二）管辖权

若提起的是主体性第三人撤销之诉，那么第三人应向作出争议判决的法院提起，且法官无须回避，作出争议判决的法官仍可审理撤销之诉。若提起的是附带性第三人撤销之诉，则需要分两种情况讨论：若受理本诉的法院在审级上低于争议判决作出的法院，那么第三人撤销之诉应该经本诉途径向作出争议判决的法院提出；若受理本诉的法院是作出争议判决的法院的上级法院，或者是同一级法院且无抵触任何具有公共秩序性质的管辖规定，第三人撤销之诉可以由受理本诉的法院裁判即可。

（三）救济程序

在法国的民事诉讼中，普通判决的救济途径通常有上诉、异议、复核审、再审四种。[①] 针对第三人撤销之诉作出的裁判，如同作出此裁判的法院所做的其他裁判一样，也可以提起上述4种救济程序。但是最高法院的判例确定了一项规则，即如果第三人撤销之诉败诉了，则争议判决的当事人不得对该败诉判决提出上诉、异议、复核审和再审，理由不言自明：第三人撤销之诉败诉即意味着争议判决的效力没有受到影响，争议判决的当事人对任何救济程序自然不存在诉讼利益。

四、法律效果

一般认为，第三人撤销之诉的法律效果体现在两个方面：其一为提起第三人撤销之诉所产生的法律效果；其二为第三人撤销之诉的判决，特别是原告取得胜诉判决时所产生的效果。前者可以简称为"诉讼效果"，后者可以简称为"判决效果"。

（一）诉讼效果

1. 停止执行争议判决的效果

《法国新民事诉讼法典》第579条有明确的规定，启动特别救济程序并不中止原判决的执行，但法律另有规定的除外。第三人撤销之诉作为例外，《法国新民事诉讼法典》第590条赋予审理本诉或者附带诉讼的法官以自由裁量权，可以决定第三人撤销之诉是否可以在个案中发生中止执行争议判决的效力。但在实务上，法官真正准许停止执行的案例非常少见，大多数的情况之下，即便当事人申请暂停执行，也会被法官驳回。[②] 除非

[①] 巢志雄. 法国第三人撤销之诉研究——兼与我国新《民事诉讼法》第56条第3款比较[J]. 现代法学，2013（3）：168.

[②] 黄源浩. 再访法国民事第三人撤销诉讼：法律效力[J]. 东海大学法学研究，2019（56）：13.

不中止执行将对原告造成不可弥补的损害的情况下,法官才会裁定中止争议判决的执行。简言之,提起第三人撤销之诉对争议判决而言,以不停止执行为原则,以停止执行为例外。

2. 有限移审的效力

所谓移审的效力系指已经在下级审经过法院判断的事项或者争点,方能在上诉程序中成为上诉法院审判的对象。与上诉相比,第三人撤销之诉仅具有有限的移审效力,其有限性表现在:第三人撤销之诉的审理范围仅限于在诉争判决宣判前假设第三人参加诉讼时可以主张的事由。[①] 换言之,第三人仅能要求法院对争议判决涉及自己权利义务关系的已决争点进行法律上和事实上的重新审理。因为若相关事项或者争点未经法院判断,第三人可以通过其他救济途径保护自己的权益,没有必要提起第三人撤销之诉。一般认为,《法国新民事诉讼法典》第582条第2款所规定的"已判决争点"仅限于判决主文的,不包括判决理由。

3. 附带性第三人撤销之诉对主体诉讼的影响

根据《法国新民事诉讼法典》589条[②]的规定,受理第三人撤销之诉的法院可以根据案情决定对第三人撤销之诉延期审理或不予处理。虽然该条文的字面含义并未表明其有任何限制性条件,但该条并非在所有情形下均得以适用,而仅适用于附带性第三人撤销之诉,迄今为止仍然是法国民事

---

① 巢志雄.法国第三人撤销之诉研究——兼与我国新《民事诉讼法》第56条第3款比较[J].现代法学,2013(3):169.

② 第589条规定:第三人撤销之诉的受理法院,得根据情况对第三人撤销之诉,决定不予处理,或者延期审理。

诉讼法制的主流见解。① 不过，按照民事诉讼学理，该条应该作为例外情形，因为与《法国民法典》第4条的立法精神相悖。

（二）判决效果

提起诉讼的判决结果一般无外乎胜诉和败诉两种结果。虽然第三人提起撤销只要的要件规定相对宽松，但并不意味着提起的撤销之诉均可毫无困难地获得胜诉。所以，以下也从两个方面进行讨论。

1. 败诉时的效果

如果第三人的请求并不合法或无理由，会遭到法院驳回，争议判决的效力也将得到确认。同时，败诉的第三人也不得再对同一受攻击的判决再行提起撤销之诉。如果提起第三人撤销之诉的原告被法官认定有拖延诉讼或滥用诉讼权利等情况，根据《法国新民事诉讼法典》第581条的规定，除了要被处以罚款外，还可能要赔偿他方当事人的损失。

2. 胜诉时的效果

如果第三人的请求合法且有理由，基于判决效力的相对性，争议判决在原当事人之间仍不失效力，仅对有损于第三人的事项发生撤销或变更原判决的效果。

不过，也存在例外的情形。《法国新民事诉讼法典》第584条规定："在对于受到攻击判决的数个当事人间具有不可分割性的情形下，只有在所有

---

① A. Lecourt, Tierce-Opposition: Effets. Redressement et liquidation judiciaires, JurisClasseur, Procédure civile, Fasc. 742, n° 13. 转引自黄源浩. 再访法国民事第三人撤销诉讼：法律效力[J]. 东海大学法学研究, 2019 (56)：17-18. 其原因在于：既然第三人撤销之诉的原告在附带请求之外尚有主要请求之提起，这就意味着第三人间既存判决所造成的问题有可能在主要请求中被解决，此时，再容许第三人提起撤销之诉有可能使这一诉讼沦为无实益之诉讼。

该当事人均受到传唤的时候,方得以提起第三人撤销诉讼。"该条规定,"表面上看起来所规范的是诉讼主体的不可分性,事实上在长年的司法判决先例中,已将之扩张解释及于诉讼客体的不可分"。① 质言之,在诉讼系不可分之诉的情形下,第三人撤销之诉的胜诉判决对所有的诉讼当事人均将产生法律效力。

第二节 意大利第三人裁判异议之诉

一、制度简史

古罗马法学家盖尤斯曾言,"起源(principium)对于整个历史进程而言,是所有事物最根本的部分(potissima pars)。因此,起源比其他任何事物都要重要。"意大利的第三人裁判异议之诉(opposizione di terzo)源于1865年《意大利民事诉讼法》第510条、第512条的规定。实际上,1865年《意大利民事诉讼法》接受了法国民事诉讼法典的基本框架和原则,第三人裁判异议设立也借鉴了1806年《法国民事诉讼法典》中"tierce opposition"的规定②。但需要特别注意的是,法国法和意大利法均受罗马法的浸润,③ 所以,若进一步追溯,意大利第三人裁判异议之诉的法理基础不仅与罗马法上的既判力扩张理论有关,还与古罗马的"保利安诉权"密切相关。

---

① 黄源浩.再访法国民事第三人撤销诉讼:法律效力[J].东海大学法学研究,2019(56):27.

② Mauro Cappelletti, Joseph M. Perillo. Civil Procedure in Italy [M]. Springer Netherlands, 1965: 40.

③ 意大利现行的很多程序性制度和规则可以追溯到《盖尤斯法学阶梯》,甚至更早的文本。Mauro Cappelletti, Joseph M. Perillo. Civil Procedure in Italy [M]. Springer Netherlands, 1965: 25.

现行《意大利民事诉讼法》①第 2 卷"审理程序"第 3 编"质疑"第 5 章（第 404～第 408 条）以专章的形式对第三人裁判异议之诉作出了具体规定。通过对比后不难发现，现行法律规定除了在启动主体上新增了"权利继承人"之外，基本上是对 1865 年《意大利民事诉讼法》第 510 条和第 512 条规定的两种第三人裁判异议之诉的统合和延续。此外，在该编第一章"关于质疑的一般规定"中的第 325 条、第 326 条和第 337 条，也可以适用于第三人裁判异议之诉。

二、构成要件分析

在意大利法上，第三人可以应当事人的请求参加诉讼，或者根据法官的命令参加诉讼。②若第三人未能参加到他人之间的诉讼，且生效判决损害其合法权益，可以针对上述判决提起第三人裁判异议之诉，请求法院对该判决予以撤销或变更。根据《意大利民事诉讼法》第 404 条的规定，③第三人裁判异议之诉可以分为普通第三人裁判异议之诉（simple third party opposition）和特殊第三人裁判异议之诉（revocatory third party

---

① 1865 年《意大利民事诉讼法》于 1942 年、1950 年、1990 年、1998 年、2005 年、2006 年、2009 年、2012 年和 2014 年多次进行重大修改，此处所称的"现行《意大利民事诉讼法》"系指 2014 年修改后的文本。中译本可参考意大利民事诉讼法典 [M].白纶，李一娴，译.北京：中国政法大学出版社，2017.本节所引《意大利民事诉讼法》的条文内容，皆出自本书。

② 第 106 条：认为第三人与本诉相关或者意图获得第三人的保证时，当事人可请求第三人参加诉讼（《意大利民事诉讼法典》第 108、111、167、269、271、420 条，《意大利民法典》第 1012、1485、1585、1777、1917、1953 条）。第 107 条：认为与本诉相关的第三人应当参加诉讼时，法官可下令第三人参加诉讼（《意大利民事诉讼法典》第 111、270、272、420 条）。

③ 第 404 条：第三人的权利受到有既判权威的判决或宣告具有执行效力的判决的损害时，可以对上述判决提出第三人裁判异议之诉。（第 1 款）判决出于恶意或串通并给自己的利益造成损害时，继承人（包括潜在的继承人）或债权人可以对该判决提出第三人裁判异议之诉。（第 2 款）

opposition）。① 下面将结合这一分类，对第三人裁判异议之诉的主体要件、客体要件、程序要件进行具体阐述。

（一）主体要件（适格原告）

普通第三人裁判异议之诉的原告是指受原诉判决损害的第三人。这里的"第三人"系指当事人以外的所有人。普通第三人裁判异议之诉的原告过于"泛化"，导致司法实践的前后不一和理论观点的众说纷纭，目前尚未达成共识。

特殊第三人裁判异议之诉的原告是原审判决当事人的债权人或权利继承人。如果根据民法一般理论，权利继承人是指继承人和法定继承人，不过在司法实务中，法院通常对权利继承人的范围进行限缩解释，只有对权利有争议的特定权利继承人才能成为诉讼继承人。②

（二）客体要件

第三人裁判异议之诉客体包括法院判决和仲裁机构的仲裁裁决。其中，判决又包含既判权威的判决和宣告具有执行效力的判决两类。有既判权威的判决是指无法再以申请审查管辖权、上诉、向最高法院申诉或按照《意大利民事诉讼法》第395条第4、5项③的规定申请再审的判决。宣告具有

---

① Mauro Cappelletti, Joseph M. Perillo. Civil Procedure in Italy [M]. Springer Netherlands, 1965: 294–295.

② 廖永安，陈逸飞. 意大利民事诉讼第三人裁判异议之诉初探——兼述对完善我国第三人撤销之诉制度的启示 [J]. 现代法学，2018（6）：170.

③ 第395条：……（4）判决是基于一项源自案件诉讼文书或文件的事实性错误而作出的，且错误的产生，是因为判决是以假定某事实的存在为基础的，而实际上可以确定该事实不存在，或者判决是以不存在某事实的假设为基础，而事实证明实际上不存在该事实，并且在以上两种情况下，判决对上述事实的存在与否并没有提出疑问；（5）判决与之前已对当事人产生既判力的另一终局性判决相冲突，而该判决又没有表明可以存在相应的例外；……

执行效力的判决包括《意大利民事诉讼法》第 337 条规定的普通执行和第 282 条①规定的临时执行。不过,因为具有临时执行性的一审判决并不具有终局效力,若本案当事人已对一审判决提起上诉,那么第三人就不得再提起第三人裁判异议之诉,而只能通过参加上诉审的方式维护自己的合法权益。此外,按照司法判例的解释,对于依据《意大利民事诉讼法》第 647 条规定取得执行效力的强制令裁决,第三人可以准用该法第 404 条第 2 款规定,对该裁决提出第三人裁判异议之诉。② 依照《意大利民事诉讼法》第 824 条之二规定,"除本法第 825 条规定外,自最后一名仲裁员签名之日起,仲裁书产生法院判决的效力。"由此可见,仲裁书与法院的生效判决同样具有既判权威,可以作为第三人裁判异议之诉的对象。故而,《意大利民事诉讼法》第 831 条第 3 款规定,在同法第 404 条规定的情形下,第三人可对仲裁提起异议之诉。

(三) 程序要件

1. 管辖法院

如果第三人申请撤销或变更的是法院的判决,那么应该向作出被攻击判决的(主审)法官提起第三人裁判异议之诉。如果申请撤销或变更的系仲裁裁决,根据《意大利民事诉讼法》第 831 条第 3 款,第三人应向仲裁所在地(第 816 条:当事人应在意大利共和国境内确定仲裁地;仲裁地未确定时由仲裁员作出决定。当事人和仲裁员未确定仲裁地的,仲裁地为仲裁协议的签署地;在意大利共和国境外签署仲裁协议的,协议地为罗马。)

---

① 第 282 条:一审结束时作出的判决在当事人间具有临时的可执行性。
② 廖永安,陈逸飞. 意大利民事诉讼第三人裁判异议之诉初探——兼述对完善我国第三人撤销之诉制度的启示[J]. 现代法学,2018(6):170.

的上诉法院提出。

2. 起诉期限

不论是针对法院判决还是针对仲裁裁决提起第三人裁判异议之诉，提出的期限原则上均为 30 天，从法院的判决书或裁决书送达给当事人之日起开始计算。但是，若被攻击的裁决系出自原审当事人恶意或串通，则从恶意或串通的事实被发现之日起开始计算期限。

三、审理程序与法律效果

（一）审理程序

提起第三人裁判异议之诉，应该向法院递交起诉状（citazione）[①]，并明确记载所要攻击的裁决。对于特殊的第三人裁判异议之诉，除满足上述要求外，第三人还必须要说明知道被告方恶意或串通情况存在的日期，并提供相应的证据。

对于第三人裁判异议之诉案件，法院应当组成合议庭进行审理。[②] 法官应当按照其所在法院审理案件的规定来审理案件。申言之，若原审判决系由一审法院作出，按照一审程序进行审理；若原审判决系由二审法院作出，按照二审程序进行审理。

[①] 起诉状一般包括受理案件的法院名称、原被告的基本信息、律师的姓名及授权情况、对诉讼标的的说明、事实和法律陈述、相关证据材料、明确首次开庭的时间并通知被告。

[②] 廖永安，陈逸飞. 意大利民事诉讼第三人裁判异议之诉初探——兼述对完善我国第三人撤销之诉制度的启示 [J]. 现代法学，2018（6）：171.

（二）法律效果

1. 诉讼效果

《意大利民事诉讼法》第337条有明确的规定，除法律规定的特殊情况外，对具有执行力的判决提出不服的，并不导致判决书执行程序的中止。而法律规定的特殊情况就包括第407条的规定，即提起异议之诉的第三人可以在诉状中申请停止判决的执行，受案法院应该通过合议程序，斟酌继续执行是否会造成严重的或者不可弥补的损害后，①决定是否中止原审判决的执行，并作出裁定书。在作出中止原审判决执行的裁定时，可以要求原告缴纳一定的保证金。

2. 判决效果

第三人裁判异议之诉对于原审判决当事人的法律效果，仅限于原审判决对第三人不利的部分，②与第三人利益无涉的部分，则不产生法律效力。法院根据案件的审理情况可以作出不同的裁判。若认为第三人提出的异议理由成立，则应该判决撤销或变更原审判决（仲裁裁决），针对该新的判决不服的，也可以提起上诉。除此之外，法院还可以发布必要的命令（orders），以消除原审判决造成的不利影响③。反之，若法院认为异议不能成立，即可驳回诉讼。如果第三人裁判异议之诉被宣告不予受理或存在

---

① Mauro Cappelletti, Joseph M. Perillo. Civil Procedure in Italy [M]. Springer Netherlands, 1965: 296.

② 廖永安，陈逸飞. 意大利民事诉讼第三人裁判异议之诉初探——兼述对完善我国第三人撤销之诉制度的启示 [J]. 现代法学，2018（6）：171.

③ Mauro Cappelletti, Joseph M. Perillo. Civil Procedure in Italy [M]. Springer Netherlands, 1965: 296.

诉讼障碍，或因缺乏依据而被驳回的，提出异议的第三人应当支付2欧元的罚款。

第三节　日本第三人再审制度

日本的民事诉讼法虽继受于德国民事诉讼法，但是德国法上并无与第三人撤销之诉相似的制度设计。① 相反，日本民事诉讼法曾经借鉴法国法，允许受诈害的第三人以原生效判决的双方当事人为共同被告，准用再审程序提起恢复原状之诉。这一制度被称为"第三人再审制度"。

一、制度的设立与废除

日本1890年民法典财产编第341条第2款规定②："债务人不论是作为原告还是被告，基于诈害的意思，在诉讼中败诉的情况下，债权人可依据民事诉讼法通过再审的方式以求获得有利判决。"该条款通常被认为是参考了法国1804年民法典的立法理论。为了配合该条款规定的适用，日本1890年民事诉讼法（明治民诉法）第483条规定："案外第三人可以主张（前诉）原告和被告以共谋诈害其债权为目的获得判决，该案外第三人向法院寻求救济的，准用恢复原状的再审诉讼之规定。案外人提起前款诉讼的，应当将原告和被告列为共同被告。"

---

① 其原因主要在于：1.第三人撤销之诉使判决的效力在相当长的时间内存在被撤销的可能，不利于法律的安定性和司法裁判的权威；2.德国民事诉讼法上的既判力被限定在诉讼当事人之间，且民事实体法上也并不承认以法律文书变动物权关系的方式，因此不存在虚假诉讼的风险。参见任重. 案外第三人权益保护：德国制度与理论——兼论我国第三人撤销诉讼［M］// 民事程序法研究（第11辑）. 厦门：厦门大学出版社，2014：123-124.

② 第341条第1款的规定，债权人可以向受益人主张废罢诉权，请求法院撤销诈害行为。

然而，1890年民事诉讼法第483条规定的第三人再审制度并没有实际被运用，1890年民法典也一直处于颁布但未实施的状态，最终被1898年民法典所取代，新的民法典也删除了旧民法典第341条第2款的规定。在此背景下，1926年修改后的日本民事诉讼法最终将第三人再审制度彻底删除。立法者的理由有三：其一，诈害再审制度是1890年民法典的配套程式，在该法相关制度被删除的前提下，民事诉讼法应一并修正。其二，民事诉讼法规定了独立当事人参加制度（旧法第71条、现行法第47条），案外人可以通过诉讼参加的方式，防止自己受到判决的不利影响。其三，尊重生效判决的稳定性是民事诉讼体系的根本原则，为了保护虚假诉讼的当事人而动摇生效判决的稳定，有矫枉过正之嫌。① 理论界大多对此修订持反对意见，所以，在随后的一段时期里，学者们努力通过解释论的方法给案外第三人提起再审寻求出路。②

1996年，日本民事诉讼法进行第二次大修时，有学者曾提出，"当事人一方通过欺骗诉讼对方当事人或裁判所以获得对自己有利的生效判决（也就是生效判决的骗取）的情况，应作为一项独立的再审事由。"③ 这一观点尽管得到了理论界和实务界的积极响应，但遗憾的是，相关规定最终被排除在《有关民事诉讼程序的修正大纲草案》之外。

---

① 史明洲.诉讼参加与诉讼告知——新堂时代日本理论的素描[M]//第三人程序参与.台北：新学林出版股份有限公司，2019：178；邢沂晨.第三人撤销之诉与日本第三人诈害再审制度的比较和讨论[M]//日本法研究（2017年第3卷）.北京：中国政法大学出版社，2017：79-80.

② 学说上的解释论方案主要有三种：独立当事人参加说、共同诉讼性辅助参加说和分情况讨论说等。详细介绍参见史明洲.论虚假诉讼案外第三人的救济：解读第三人撤销之诉的日本法视角[M]//民事程序法研究（第14辑）.厦门：厦门大学出版社，2015：75-76.

③ 邢沂晨.第三人撤销之诉与日本第三人诈害再审制度的比较和讨论[M]//日本法研究（2017年第3卷）.北京：中国政法大学出版社，2017：80.

二、司法实践对制度的"延续"

第三人再审制度虽然被 1926 年日本民事诉讼法所废除,但理论界对该制度的讨论仍相当激烈,从而逐渐引起了最高裁判所的重视,促使其分别于 1971 年、2013 年和 2014 年作出了 3 个有关案外人申请再审资格认定的判决或裁定。所以,1971 年之后至今又被学者称为第三人再审的判例形成期。[①] 有学者认为,在司法实践中,可以类推适用《日本行政事件诉讼法》第 34 条[②] 的规定。

第四节 启示与借鉴

一、制度构建的规范化与系统化

法国、意大利的案外第三人事后救济制度均专章规定在该国民事诉讼法典中,且有相关的配套制度或程序与之协调运作。我国的第三人撤销之诉制度仅见于民事诉讼法第 56 条第 3 款,具体的程序规定则主要见于《民诉法解释》中。从长远来看,这种模式不利于第三人撤销之诉制度的良好运作,毕竟司法解释的效力与立法的效力不可同日而语。

---

① 三个案例的案情及裁判要点参见史明洲. 论虚假诉讼案外第三人的救济:解读第三人撤销之诉的日本法视角[M]//民事程序法研究(第 14 辑). 厦门:厦门大学出版社,2015:77-78。

② 《日本行政事件诉讼法》第 34 条:1. 由于撤销处分或裁决的判决权利被侵害的第三人,由于不能归责于自己的理由未能参加诉讼,因为未能提出应当对判决造成影响的攻击或防御方法时,可以以此为理由对确定的终局判决以再审诉讼的形式进行不服申诉。2. 前款的诉讼必须自知道判决确定之日起三十日之内提起。3. 前款的期间为不变期间。4. 第一款的诉讼,自判决确定之日起经过一年时,不得提起。

二、既判力制度的法典化

"第三人撤销之诉是介于生效判决的确定性、法律关系的安定性、第三人利益保护之间的平衡机制。"[①]第三人撤销之诉制度与既判力制度之间存在着"悖论",但不容忽视的是,法国法、意大利法和日本法上均有关于既判力的明确规定。以法国为例,《法国新民法典》第1351条[②]是对既判力的经典规定,也就是所谓的"三确认原则":确认当事人为同一当事人、确认诉讼客体为同一客体、确认诉因为同一诉因。该条规定也体现了既判力的相对性。《法国新民事诉讼法典》第480~482条、第488条均对既判力作了相关规定。对诉讼程序的抗辩,不受理申请或附随事件所作出的判决在判决涉及的具体问题上有既判力(第480条)。中间判决、简易程序裁决或凭一方当事人申请作出的裁决对案件的实质都没有既判力(第482条、第488条)。从原则上讲,只有判决的主文部分才有既判力(第480条第1款),这一观点在《法国新民事诉讼法典》第455条第2款中也得到了体现:"判决书通过主文宣布法官的决定。"但现在比较流行的说法认为"决定性理由"也有既判力。

我国《民事诉讼法》没有单独就既判力理论以明确的立法条文加以表述,学术界对既判力理论的研究不够深入,既判力理论和判决效力相对性原则也并未得到司法实务部门的广泛接受和采纳。所以,我国"第三人撤销之诉制度的唐突在于,其是在我国没有规定既判力制度,更没有关于既

---

① 巢志雄.法国第三人撤销之诉研究——兼与我国新《民事诉讼法》第56条第3款比较[J].现代法学,2013(3):159-173.
② 既判事实的既判效力,仅及于作为判决标的的事由。请求之物应当为同一物;诉讼请求应当基于同一原因;诉讼应当在相同的当事人之间进行,并且应当由同一原告向同一被告以同一身份提起。

判力相对性的原则规定的前提下设置的。"① 还应指出,我国第三人撤销之诉的立法目的是为了遏制虚假诉讼,但若从立法上确立既判力理论,坚持判决效力相对性原则,将更好地保护第三人的实体权利,对第三人合法权益的损害也是可以避免的。因此,我国也有必要在立法上明确既判力的相对性原则。

三、注重学说与判例的分析检讨

通过上文的分析可知,三个国家的法院尤其是最高法院确立了许多具体的适用规则,以填补法律的漏洞。与此同时,理论的发展和学说的争鸣也为第三人程序救济的构建和完善奠定了坚实的基础。

---

① 张卫平. 既判力相对性原则:根据、例外与制度化［J］. 法学研究,2015(1):70-88.

第三章　我国第三人撤销之诉的现状分析

第一节　我国第三人撤销之诉的历史经纬

第三人撤销之诉虽然在 2012 年被写入民事诉讼法中，但实际上对该制度的探讨很早就已经开始了。回顾整个过程，大致可以分为三个阶段。

一、介绍建议阶段

有学者较早地关注到法国的第三人异议这一非常上诉途径，并认为其可以为受诈害诉讼不利影响的第三人提供救济，[①]该学者对我国案外第三人权益保护的理论基础和现实状况予以分析后认为，我国可以借鉴域外的相关规定，增设第三人撤销之诉制度。[②]廖永安教授等也从各个角度论证

---

① 肖建华. 主参加诉讼的诈害防止功能 [J]. 法学杂志, 2000（5）: 30-31.
② 肖建华, 杨兵. 论第三人撤销之诉——兼论民事诉讼再审制度的改造 [J]. 云南大学学报（法学版）, 2006（4）: 42-46.

了我国设立第三人撤销之诉的必要性,并主张我国应建立独立型案外第三人撤销之诉。① 在2007年《民事诉讼法》修改前,张卫平教授曾撰文提出自己的修改建议,他认为《民事诉讼法》中应增加6种程序,但其中最为迫切需要增加的是第三人撤销生效裁判的诉讼程序。② 然而,遗憾的是,2007年《民事诉讼法》并未增设第三人撤销之诉。

二、实践探索阶段

为了保护案外人的合法权益不受侵蚀,2007年《民事诉讼法》中增设了案外人执行异议之诉,并将案外人对原审裁判提出异议与对执行标的的意义进行了区分。然而,因为法律并没有明确赋予案外人申请再审的权利,这既背离申请再审诉权化的价值取向又造成了实践的混乱。③ 为了应对这种局面,最高人民法院在《民事再审解释》第5条中对2007年《民事诉讼法》第204条(现第227条)中的"依照审判监督程序办理"进行解释,将案外人申请再审分为执行程序中的案外人申请再审和执行程序外的案外人申请再审,以增强司法实践的可操作性。不过,这里的案外人申请再审被司法机关及学界认为系撤销之诉。④《民事再审解释》第42条根据案外人是否为必要的共同诉讼人对撤销之诉的审理程序分别做了规定,其中非必要共同诉讼的案外人对原判决异议的部分合法的,法院作出撤销该部分判项的判决。这样的制度设计,导致撤销之诉的启动程序只有一种,但审理程

---

① 胡军辉,廖永安.论案外第三人撤销之诉[J].政治与法律,2007(5):133-138.

② 张卫平.《中华人民共和国民事诉讼法》修改之我见[J].法商研究,2006(6):60-61.另外五种程序分别为人事诉讼程序、法律审程序、小额诉讼程序、诉讼费用、票据诉讼程序。

③ 江必新.最高人民法院关于适用民事诉讼法审判监督程序司法解释理解与适用[M].北京:人民法院出版社,2008:59.

④ 江必新.最高人民法院关于适用民事诉讼法审判监督程序司法解释理解与适用[M].北京:人民法院出版社,2008:66;王学棉.论案外人撤销之诉[J].法学杂志,2011(9):118-121.

序却有两种,①使得案外人的利益的保护变得更加复杂,也不利于保护非必要共同诉讼案外人的审级利益。基于此,有不少学者主张,我国应建立独立型的第三人撤销之诉,②同时,参照大陆法系国家或地区的规定进行程序构建③。综上所述,尽管立法和司法解释并未明确使用第三人撤销之诉的表述,但在司法解释中已经出现了第三人撤销之诉的"身影",相关的司法实践为制度的建构积累了丰富的素材,学术界的相关研讨也为第三人撤销之诉的设立打下了理论基础。

三、立法及完善阶段

在2007年《民事诉讼法》草案第三次审议时,全国人大法工委试图通过立法的形式解决案外人的申请再审权,但是因为时间仓促,有关部门又无法提供可供参考的条文,最终作罢。④无独有偶,2012年《民事诉讼法》草案在第3稿中才出现了第三人撤销之诉,这样看来,第三人撤销之诉写入法典似乎具有偶然性,但其却无疑是理论界和实务界关注较多的制度之一。入法初期,对该制度的讨论由"否定引入论"和"肯定引入论"之争转

---

① 案外人系前诉必要的共同诉讼当事人的,按再审型案外人撤销之诉的审理程序进行审理,反之,则按独立型案外人撤销之诉的审理程序进行审理。王学棉.论案外人撤销之诉[J].法学杂志,2011(9):113.

② 肖建国.论案外人申请再审的制度价值与程序设计[J].法学杂志,2009(9):63-66;张妮.案外人申请再审的冷思考——文本分析的视角[J].河北法学,2011(11):134-139;蔡虹.民事再审程序立法的完善——以《中华人民共和国民事诉讼法修正案(草案)》为中心的考察[J].法商研究,2012(2):22-31.

③ 胡军辉.案外第三人撤销之诉的程序建构——以法国和我国台湾地区的经验为参照[J].政治与法律,2009(1):146-151.

④ 江必新.最高人民法院关于适用民事诉讼法审判监督程序司法解释理解与适用[M].北京:人民法院出版社,2008:58.

变为"否定适用论"和"肯定适用论"之争。① 随着司法实践的积累，尤其是在《民诉法解释》颁布以后，第三人撤销之诉的研究也逐渐体系化、精细化，相关的研究也逐渐转向了解释论、司法实践的总结及程序的优化②。

如前所述，法国第三人撤销之诉是按照"上诉→非常上诉→第三人撤销之诉"的形式将第三人撤销之诉作为单独一章进行规定，意大利的立法例是按照"质疑→第三人异议"的形式，将第三人裁判异议之诉作为单独一章，与特殊再审程序一起构成特殊救济途径。我国则是将第三人撤销之诉置于总则编的第五章"诉讼参加人"部分，仅在"当事人"一节的第56条第3款进行原则性规定。采用原则性的规定，操作性必然不强，为了弥补缺憾，2015年《民诉法解释》专门用一章的篇幅（共12个条文）予以细化。

第二节 第三人撤销之诉的要件分析

一、民事诉讼的要件分类及内涵

民事诉讼是一个循序渐进的过程，按照传统的民事诉讼原理，民事诉讼过程可以分为三个阶段，即起诉阶段、诉讼审理阶段和本案审理阶段，

---

① 张卫平.最高人民法院民事诉讼司法解释要点解读[M].北京：中国法制出版社，2015：251-253.

② 郑金玉.我国第三人撤销之诉的实践运行研究[J].中国法学，2015（6）：265-283；任重.回归法的立场：第三人撤销之诉的体系思考[J].中外法学，2016（1）：139-164；刘君博.第三人撤销之诉撤销对象研究——以《〈民事诉讼法〉解释》第296、297条为中心[J].北方法学，2016（3）：107-114；崔玲玲.第三人撤销之诉的外部运行环境优化分析[J].法律科学（西北政法大学学报），2017（6）：181-193；刘东.第三人撤销之诉的程序构建：现状、不足及完善[J].法治研究，2018（1）：148-160；李卫国，林致仰.我国第三人撤销之诉的制度构成与立法完善[J].贵州大学学报（社会科学版），2018（6）：100-107.

要进入这三个不同的阶段分别要满足不同的要件,即起诉要件、诉讼要件和本案要件。① 起诉要件是诉的适法提起所必需的要件,诉讼要件是法院宣告本案判决的前提要件,本案要件是使法院认同原告请求所必备的要件。

一般认为,诉讼要件包括作为诉讼系属前提的诉讼行为的有效性、当事人实际存在及当事人能力、诉讼费用的担保提供、法院的裁判权和管辖权、当事人适格、诉的利益等内容。② 其中,诉的利益,是指对于具体的诉讼请求,是否具有进行本案判决的必要性和实效性。③ 它又可以分为两种,一是通过诉的形式提出的请求是否可以成为本案判决的对象,又被称为权利保护资格;二是在满足权利保护资格的前提下,通过考察该案件的事实关系,来判断依本案判决的形式是否可以解决诉讼标的的争议,又被称为权利保护利益。狭义的诉的利益仅指后者。④ 诉的利益与当事人适格同属于诉讼要件,⑤ 二者因均涉及作出本案判决的必要性和实效性之问题而具有相似性,其区别在于前者系从诉讼请求角度对作出本案判决的必要性和实效性予以考察,而后者系从诉讼主体的角度进行考察。由于诉讼请求与诉讼主体具有内在的牵连关系,诉的利益涉及诉讼各方主体的利害关系,所以诉的利益与当事人适格也有紧密的联系。从原告的立场看,诉的利益

---

① [日]中村英郎.新民事诉讼法讲义[M].陈刚,林剑锋,郭美松,译.北京:法律出版社,2001:151-152.

② [日]新堂幸司.新民事诉讼法[M].林剑锋,译.北京:法律出版社,2008:171-172.

③ 张卫平.诉的利益:内涵、功用与制度设计[J].法学评论,2017(4):2.

④ [日]伊藤真.民事诉讼法(第四版补订版)[M].曹云吉,译.北京:北京大学出版社,2019:119.

⑤ 有学者认为,在民事私益案件中,诉的利益有无的事实证据应采取辩论主义而由当事人主张提供。诉的利益之实体内容往往需要到言辞辩论终结时才能判断是否具备,所以,在我国,诉的利益宜被纳入实体要件(即本案要件)而非诉讼要件。邵明.现代民事之诉与争讼程序法理:"诉·审·判"关系原理[M].北京:中国人民大学出版社,2018:142。

问题即为了保护保障其主张的权利利益，原告是否可以利用民事诉讼程序。

现代大陆法系国家采用的是复试平行诉讼构造，尽管理论上诉讼要件是法院宣告本案判决的前提条件，但实际上法院对诉讼要件的审理和本案要件的审理同时并行。然而，我国民事诉讼法并未采取上述模式，而是采用的二阶构造，在单层阶段诉讼的基础上，兼采复式平行诉讼模式。① 申言之，我国《民事诉讼法》规定了起诉的条件，只有符合起诉的形式条件和实质条件，案件才会被法院受理进而到本案审理阶段。在本案审理阶段，起诉条件也会同步进行，因为起诉条件里包含了诉讼要件的内容。这种将两种不同要件"混同"的做法导致了起诉的"高阶化"，产生了"立案难"等社会现象。② 尽管为了贯彻十八届四中全会的关于"改革法院案件受理制度，变立案审查制为立案登记制"的决定，最高人民法院在《民诉法解释》及《关于人民法院登记立案若干问题的决定》（以下简称《登记立案决定》）中对立案登记制做了具体的安排，不过上述司法解释的规定名为立案登记制，实则仍为立案审查制。③ 第三人撤销之诉同样受到以上司法解释的规制。

作为一种独立的诉，第三人撤销之诉虽然适用普通诉讼程序，但是它又不同于普通的民事诉讼，《民事诉讼法》第56条对提起第三人撤销之诉的特殊条件进行了规定，《民诉法解释》对此予以细化。司法解释的制定者将第三人撤销之诉的起诉条件分为主体条件、程序条件、实体条件和

---

① 段文波.起诉条件前置审理论[J].法学研究，2016（6）：74.
② 张卫平.起诉条件与实体判决要件[J].法学研究，2004（6）：61.
③ 段文波.起诉程序的理论基础与制度前景[J].中外法学，2015（4）：884。在较权威的《民诉法解释》释义书中，最高人民法院的法官也指出，立案登记并非只要接到当事人的起诉，就要无条件地登记立案，只有经过审查后符合起诉条件的，法院才能受理。参见沈德咏.最高人民法院民事诉讼司法解释理解与适用[M].北京：人民法院出版社，2015：787。

管辖法院4项。也有人对程序条件和实体条件进一步拆分后,将起诉条件分为6项,即主体条件、程序条件、时间条件、实体条件、结果条件和管辖法院[①]。主体条件:《民事诉讼法》第56条规定的有独立请求权第三人和无独立请求权第三人;程序条件:第三人因不可归责于己的事由未参加诉讼;时间条件:自知道或者应当知道民事权益受损之日起6个月;实体条件:已发生法律效力的裁判文书(含调解书)部分或全部内容错误;结果条件:内容错误的调解书损害了适格主体的民事权益;管辖法院:作出生效裁判文书(含调解书)的法院专属管辖。依照前述对于不同诉讼阶段需要满足的要件的分类,主体要件、管辖法院划归为前述的诉讼要件应该无疑。其他条件该划归为何种要件,尚需讨论。

如果第三人本可以参与到前诉的诉讼程序中维护自己的合法权益,却选择了放弃,即可视为对自身权利的处分,第三人便丧失了诉的利益,无提起第三人撤销之诉的必要性及容许性。换言之,如果第三人有其他救济途径维护自己的合法权益,便不能再提起撤销之诉。如果第三人因不可归责于己的事由未能参与前诉,则诉的利益仍然存在,法院不能拒绝其通过撤销之诉来解决纠纷的正当期待。由此可见,第三人撤销之诉的程序条件可以归属于诉讼要件。同理,法律不保护躺在权利上睡大觉的人,第三人知道或应当知道其权益受损后的6个月内及时起诉,未在规定的期间内起诉便要承担诉讼失权的后果,诉之利益也随着丧失。从这个角度出发,时间条件也应属于诉讼要件的范畴。

那么,同样作为起诉条件的实体条件和结果条件是否也均属于诉讼要

---

① 于蒙.第三人撤销之诉的构成要件分析[M]//民事审判指导与参考(2015年第4辑).北京:人民法院出版社,2016:194.

件呢？笔者认为，它们应当属于本案要件。本案要件有时又被称为"本案判决要件"，它是使法院认同原告请求所必备的要件。从原告的角度来说，即原告的"胜诉要件"，主要包括两方面的内容：实体事实方面的要件和实体法律方面的要件。所谓实体方面的要件，即支持本诉的诉讼标的和原告的诉讼请求的权利产生要件或直接事实是真实的。① 根据辩论主义原则，原告应提供权利产生的事实，以证明其诉讼请求真实存在。对于第三人撤销之诉的原告而言，撤销之诉在满足起诉要件、诉讼要件后，原告只有证明生效裁判的内容有错误并侵害其权益以及内容错误和民事权益受损之间有因果联系，其诉讼请求才会得到法院的支持。如果缺乏本案要件，法院将驳回诉讼请求。

综上所述，《民事诉讼法》和《民诉法解释》所设定的第三人撤销之诉的起诉条件实际上可以依照分别归属于起诉要件、诉讼要件（主体要件、管辖法院、程序条件、时间条件）和本案要件（实体条件、结果条件），从而形成递进式的诉讼运行结构，② 这样的结构也方便法院在不同的诉讼阶段根据不同的诉讼要件的要求处理案件。

二、起诉条件

在《民诉法解释》通过后，有人认为，第三人撤销之诉不适用《民事诉讼法》第119条的规定，只独立适用该法第56条的特殊规定。③ 也有观

---

① 邵明. 现代民事之诉与争讼程序法理："诉·审·判"关系原理 [M]. 北京：中国人民大学出版社，2018：167-168.

② 郑金玉. 我国第三人撤销之诉的实践运行研究 [J]. 中国法学，2015（6）：278.

③ 奚晓明，杜万华. 最高人民法院民事诉讼法司法解释适用解答[M]. 北京：人民法院出版社，2015：337.

点认为，第三人撤销之诉属于当事人提起的新诉，除了应当符合《民事诉讼法》第119条规定的一般起诉要件外，还需要符合《民事诉讼法》第56条及《民诉法解释》第292条的规定。①笔者认为，虽然民诉法及司法解释对第三人撤销之诉有特殊的规定，但是它作为适用普通程序的独立的诉，同样可以适用一审普通程序的规定，如果有特殊规定的适用本身特殊规定即可。

具体来说，第三人撤销之诉的起诉要件主要包括提交合法起诉状和依法缴纳案件受理费。起诉状应记载《民事诉讼法》第121条的内容，即原告（第三人）与共同被告（原诉双方当事人）的基本信息，诉讼请求（撤销或概念系争生效法律文书的内容）与提起该诉讼请求所依据的事实和理由，证据材料（包括原生效的裁判文书、证明程序条件、实体条件和结果条件的相关证据材料）和证人信息。起诉状的内容或者材料如果有遗漏、矛盾或者模糊不清之处，当事人可以予以补正，如果没有补正或者补正后仍有欠缺的，法院可以裁定不予受理。

三、诉讼要件

（一）主体条件

我国的第三人制度受苏联影响，在1982年《民事诉讼法（试行）》中便已体现。所谓第三人，是为保护自己的民事权益而参加到他人之间已经开始的诉讼中的人。根据《民事诉讼法》第56条的规定，可提起撤销之诉的第三人仅限于有独立请求权第三人和无独立请求权第三人。有独立请求权第三人能够以提起诉讼的方式参加到他人之间的诉讼中来，理解该

---

① 江必新.民诉法解释法义精要与实务指引［M］.北京：法律出版社，2015：692.

第三人的关键在于对他人系争的诉讼标的有"独立的请求权"。"独立的请求权"一般理解为对诉讼标的主张全部或部分实体权利,包括两层含义:一是第三人所主张的实体权利与原告、被告的请求均相斥,是独立性的权利主张;二是权利主张本身构成了第三人和原告、被告之间争议的实体内容,使得诉讼程序呈现出包含诉的主客观合并及"三方结构"的复杂诉讼形态。[①]

无独立请求权第三人也有两个层面的规定性,即对原被告系争之诉讼标的无独立请求权存在,但与案件的处理结果有"法律上的利害关系"。"法律上的利害关系"属于不确定的法律概念[②],我国实务界认为,该概念系指案件的处理结果会导致案外人承担法律责任或者法律地位发生实质性变更,并非单纯指案外人在经济利益上遭受损失。[③] 理论界将其理解为一方当事人和第三人之间存在的与本诉当事人有争议的民事法律关系相牵连的另一民事法律关系。[④] 然而,对这种法律关系的具体内容,各方观点纷呈交错。(1)权利义务关系。[⑤] 详言之,即包括义务性关系和权利性关系两

[①] 王亚新,陈杭平,刘君博.中国民事诉讼法重点讲义[M].北京:高等教育出版社,2017:160.

[②] 《日本民事诉讼法》第42条规定:与诉讼结果有利害关系的第三人为了辅助当事人一方,可以参加该诉讼。这里的利害关系是指辅助参加人的法律利益因诉讼结果受到损害,包括私法上的利益和公法上的利益,且不限于对辅助参加人扩张既判力等判决效的情形,还包括前诉判决理由中的判断对辅助参加人的法律地位产生的事实上的影响力。参见[日]伊藤真.民事诉讼法(第4版补订版)[M].曹云吉,译.北京:北京大学出版社,2019:447–448。《德国民事诉讼法》第66条第1款规定:在他人间已系属的诉讼中,因当事人一方的胜诉而有法律上的利益的人,可以辅助该当事人而参加诉讼。"法律上的利益"也同样包括私法上的利益和公法上的利益,辅助参加人受判决效力所及或因辅助一方当事人的败诉而可能被强制执行,以及存在某种对其不利的法律后果的事实构成,都可以称之为具有法律上的利益。参见[德]罗森贝克.德国民事诉讼法(上)[M].李大雪,译.北京:中国法制出版社,2007:321–322.

[③] 最高人民法院(2018)最高法民申5487号民事裁定书.

[④] 蒲一苇.民事诉讼第三人制度研究[M].厦门:厦门大学出版社,2009:39.

[⑤] 李浩.民事诉讼法学(第3版)[M].北京:法律出版社,2017:104;张卫平.民事诉讼法(第4版)[M].北京:法律出版社,2016:163.

第三章 我国第三人撤销之诉的现状分析

种类型,第三人会因一方当事人的败诉承担义务或失去享有的某种权利。(2)单纯的义务性关系。诉讼的一方当事人因败诉应承担的法律义务或者责任,最终将由第三人承担。① (3)基于保护第三人合法权益、减少撤销之诉适用的目的,对"法律上的利害关系"进行目的性扩张解释,既包括私法上的利害关系、实体法上的利害关系,又包含公法上的利害关系、程序法上的利害关系。其中,实体法上的利害关系可以进一步类型化为直接担责型、另诉追偿型、先决型和既判力拘束型等多种形态。② 现在第一种观点即权利义务关系说为主流观点。在这种学说下,无独立请求权第三人可以分为辅助型无独立请求权第三人和被告型无独立请求权第三人,这是学界的通说。王亚新教授在通说的基础上,结合具体案例中无独立请求权的第三人出现的程序场景,将无独立请求权第三人分为"权利-义务型""义务型"和"权利型"三种形态。③

众所周知,现实生活中法律关系是复杂多样的,它们"藏身于无尽多变的生活海洋中,何曾有一次被全部冲上沙滩"④,这必将影响"法律上的利害关系"的判断。加之我国诉讼第三人制度"先天不足"(如无独立请求权第三人权责不对称问题),更加剧了司法实践的混乱。毫无疑问,如果法院在第三人参加诉讼这一问题上处理不当,将会对第三人撤销之诉的当事人适格问题产生影响。

此外,对于原诉中被遗漏的必要共同诉讼当事人是否可以提起第三人

---

① 柴发邦.民事诉讼法学新编[M].北京:法律出版社,1992:176-177.
② 江伟,肖建国.民事诉讼法(第8版)[M].北京:中国人民大学出版社,2018:153-154.
③ 王亚新.第三人参与诉讼的制度框架与程序操作[J].当代法学,2015(2):151-154.
④ [德]拉德布鲁赫.法学导论[M].米健,译.北京:商务印书馆,2013:154.

撤销之诉，《民事诉讼法》并没有明确，不过立法机关倾向于赋予他们提起第三人撤销之诉的主体资格。① 不过，必要共同诉讼当事人本应参加到诉讼中去，是实质意义上的当事人，其并不属于《民事诉讼法》第 56 条规定的第三人，所以《民诉法解释》第 422 条规定，必要共同诉讼当事人只能申请再审，而不能提起第三人撤销之诉。实践中，如果被遗漏的必要共同诉讼当事人"错误"地提起了第三人撤销之诉，法院经过审理后，会驳回其诉讼请求，告知其申请再审。②

（二）管辖法院

第三人撤销之诉的管辖法院专属于作出生效判决、裁定和调解书的一审法院或二审法院管辖。官方给出的理由分为两个层面：第一，此类法院更了解案情，便于案件的审理；第二，防止出现下级法院撤销或变更上级法院生效裁判文书的情况。③ 这主要是考虑到第三人撤销之诉的纠错功能和法院的审级利益。

对于管辖问题，学界有人担心由作出原裁判的二审法院审理第三人撤销之诉时，会造成高级人民法院和最高人民法院的案件受理量增加，这与它们的功能不符④；同时，如果当事人对最高人民法院作出的二审裁判提起撤销之诉，只能向最高人民法院提起，此时当事人的上诉利益将无法得到保护。为了解决这些问题，学者建议依照《民事诉讼法》第 38 条的规定，

---

① 王胜明.中华人民共和国民事诉讼法释义[M].北京：法律出版社，2013：122.
② 参见浙江省绍兴市中级人民法院（2016）浙 06 民撤 5 号民事判决书。不过，也有法院按照第三人撤销之诉进行审理，并支持了原告的诉讼请求，参见福建省龙岩市中级人民法院（2016）闽 08 民终 1403 号民事判决书。
③ 王胜明.中华人民共和国民事诉讼法释义[M].北京：法律出版社，2013：123.
④ 高级别法院从个案的纠纷解决中解脱出来，致力于对法律规则的动态确认、发展及"同案同判"，已逐渐成为民事诉讼法学界和实务界的基本共识。

利用"管辖权转移"制度,适时将第三人撤销之诉案件的管辖权交给下一级法院审理。① 管见认为,这种担心是没有必要的:在中国裁判文书网检索后可知,第三人撤销之诉案件几乎都集中在基层人民法院和中级人民法院,高级人民法院的案件数量极少,其中,中级法院的案件数量约为基层法院案件数量的1/2。② 实际上,饱受诟病的虚假诉讼、恶意诉讼多是通过调解结案,这些诉讼当事人不会"多此一举"地再行上诉,所以案件集中在基层法院和中级法院完全讲得通。退一步讲,即便有少量的案件进入高级别的法院,也不能理解为占用了高级别法院的司法资源。

(三)程序条件

如前所述,因第三人撤销之诉系事后救济程序,如果第三人已经参与前诉的审理,便不再有提起撤销之诉的诉之利益。因此,第三人欲提起撤销之诉需要满足因不可归责于己的事由未参加前诉这一特殊条件。该条件过于原则化,在实践中难以把握,所以《民诉法解释》第295条又对其进行了细化,共列举了四种情形,除最后一种为兜底条款外,还包括第三人不知道诉讼而未能参加[3]、向法院申请参加诉讼未获得准许[4]以及虽然知道

---

① 刘君博.第三人撤销之诉的程序建构[J].法学,2014(12):54-55.
② 在中国裁判文书网(http://wenshu.court.gov.cn/)上使用高级检索:"案由"选择"民事案件","法院层级"选择"全部","案件类型"选择"民事案件","审判程序"选择"第三人撤销之诉"。通过该检索,未发现最高人民法院审理的第三人撤销之诉案件数量,不过这并不影响分析。
③ 如最高人民法院(2017)最高法民终38号民事裁定书中认为,被上诉人(原审被告)主张上诉人(原审原告)应当知道原诉的诉讼情况证据不足,故本案应属于不知道诉讼而未参加的情形,且上诉人(原审原告)未参加原诉无明显过错。
④ 如在北京市第二中级人民法院(2018)京02民撤3号民事判决书中,法院认为,第三人撤销之诉的原告A公司在向东城法院提交了《当事人参加诉讼申请书》,但未获答复,因而未能参加诉讼,故可以认定A公司属于由于不能归责于本人的事由未能参加诉讼的情形。

诉讼,但是因客观原则无法参加等情形。前两项一般较容易理解,知道诉讼,但是因客观原则无法参加在实践中一般是出于自然灾害等不可抗力或者第三人健康原因、被限制人身自由等情形。

根据《民事诉讼法》《民诉法解释》的规定及司法实践,是否属于因不可归责于己的事由未参加前诉,需要以下述内容为前提进行判断。

(1) 第三人在原诉中没有被法院列为当事人,也未参加原诉。如果第三人已经被列为原诉的当事人,可以通过上诉或者再审寻求救济,无提起第三人撤销之诉的资格。第三人未参加前诉,指的是没有被列为前诉的第三人,如果法院已经将第三人列为原诉第三人,其无正当理由拒不到庭或者未经法院许可中途退庭,也不能认为其没有参加前诉,这种情形只是第三人放弃诉讼权利未实际参与原诉的审理而已。简言之,只要"第三人"没有被列为原诉的第三人,都有成为第三人撤销之诉的原告的可能性。

(2) 第三人未参加诉讼无过错或无明显过错。第三人只要不是出于故意或者重大过失未参加原诉,则"轻过失免责",不能限制其提起撤销之诉。当然,是否具有过错,还要结合个案的情形进行判断。

此外,如果第三人作为诉讼代理人参与他人间的诉讼,该诉讼的结果会影响其实体权利义务关系,但其并未申请第三人参加诉讼,嗣后还能否另行提起第三人撤销之诉?这种情形下,第三人如果不能证明其向法院申请参诉未获准许或者因客观原因不能参加诉讼,法院应对其提出的撤销之诉不予受理,已经受理的,裁定驳回起诉。[①] 这种观点在最高人民法院的

---

① 王福华.第三人撤销之诉的制度逻辑[J].环球法律评论,2014(4):95-96。最高人民法院民事审判第一庭.民事审判指导与参考(总第75辑)[M].北京:人民法院出版社,2018:206-211。笔者认为,第三人既然作为诉讼代理人参与前诉审理,那么"因客观原因不能参加诉讼"的情形便可以直接排除。

司法裁判中得到了印证，在再审申请人李甲与被申请人杨某、原审被告李乙第三人撤销之诉一案中①，法官认为，李甲作为李乙的委托诉讼代理人参加了杨某与李乙的离婚诉讼，该诉讼多次开庭审理，但李甲并未向人民法院申请作为第三人参加该案诉讼，不符合《民诉法解释》第295条之规定。如果案外第三人在原审中已被代表，就失去了参与程序的必要性，嗣后不能再提起第三人撤销之诉。②至于如何判断是否已被代表，可以借鉴法国的"共同利益"标准。不过，如果代理人或代表人欺诈，则应允许被代理与代表的案外人提起撤销之诉予以救济。

（四）时间条件

为了维护法律关系的稳定性和市场交易安全，第三人撤销之诉必须在法定的期间内提出，即第三人知道或者应当知道其民事权益受损之日起的6个月内提起。它属于民诉法上的不变期间，不能延长、中止、中断。起算点的判断需要结合裁判文书的送达及执行还有第三人和原诉当事人的关系（如是否存在代理关系）等予以判断。司法实践中，有的法院混淆了诉讼时效和除斥期间，如广东省高级人民法院（2013）粤高法立民终字第534号民事裁定书中认为，由于第三人撤销之诉是修订后的《民事诉讼法》新规定的制度，该法颁布之前并不存在，而该法是2013年1月1日起才正式实施，因此，第三人对该法颁布之前发生的损害其民事权益的行为依据该法第56第3款的规定主张第三人撤销之诉的，诉讼时效应从2013年1月1日起算。除斥期间与诉讼时效显然是不同的：除斥

---

① 最高人民法院（2017）最高法民申3288号民事裁定书。
② 杜万华. 民事审判指导与参考（总第70辑）[M]. 北京：人民法院出版社，2017：93-94.

期间经过，消灭权利本身，诉讼时效届满，则产生抗辩权，实体权利并不当然消灭；与之相应，诉讼时效禁止法官主动适用，除斥期间则要求法官主动审查并适用。

四、本案要件

（一）实体条件

实体要件是指已发生法律效力的裁判文书（含调解书）部分或全部内容错误。本条件可以拆分为两个层面，即第三人撤销之诉的客体及内容错误的内涵。

1. 第三人撤销之诉的客体

（1）判决书

判决必须是已经生效的判决书，包括一审判决书和二审判决书。对于再审判决，如果符合起诉条件，也可以提起撤销之诉。根据判决所处理的诉的种类和性质，判决可以分为给付判决、确认判决和形成判决三类。官方认为，形成判决因不具有既判力，不宜作为撤销之诉的客体。①

（2）裁定书

在我国，现行民诉法及司法解释对裁定有集中性规定，也有分散性规定。②它们在诉讼程序和执行程序中都可以使用，主要用于解决程序问题，特殊情形下也会涉及实体问题的事项。

其一，对于执行程序中的裁定是否可以作为第三人撤销之诉的客体，学术界几乎无人论及，司法实践中则有不同的认定，极少数法院认为执行程序

---

① 沈德咏.最高人民法院民事诉讼法司法解释理解与适用（下）[M].北京：人民法院出版社，2015：795.

② 胡思博.民事裁定研究[M].北京：社会科学文献出版社，2014：223-231.

中的裁定可以作为第三人撤销之诉的审判对象,绝大多数法院则持否定意见。①

【案例3-1】② A因民间借贷纠纷将B诉至法院,经调解结案。在执行过程中,双方达成执行和解协议,约定B用其名下的8处房产抵偿欠A的借款。法院基于该和解协议作出民事执行裁定书。B的另一债权人C认为执行裁定书侵犯了其他债权人的合法权益,向法院起诉,要求撤销该裁定。一审法院认为执行裁定书并非第三人撤销之诉的审判对象,对C的起诉裁定不予受理,C提起上诉。二审法院认为一审法院将执行裁定书排除在第三人撤销之诉的审判对象之外,没有法律依据,裁定撤销一审法院不予受理的裁定,该撤销之诉由一审法院立案受理。

【案例3-2】③ 甲因民间借贷纠纷将乙公司诉至法院,经调解结案。在执行过程中,双方约定乙公司用其名下的商铺抵偿原告甲的借款本息,法院据此作出执行裁定书。丙认为甲和乙公司系虚假诉讼,乙公司用其名下的商铺折抵借款本息损害了其合法权益,故向法院提起第三人撤销之诉,请求撤销执行裁定书。一审、二审法院均认为,撤销执行裁定书不属于第三人撤销之诉的受案范围。

不难看出,上述案例案情相似,但是最终处理结果却大相径庭,主要原因在于对法律条文的理解及执行裁定书的性质认识不同。笔者赞同绝大

---

① 参见福建省南平市中级人民法院(2017)闽07民终477号民事裁定书,河南省郑州市中级人民法院(2017)豫01民撤7号民事裁定书,黑龙江省双鸭山市尖山区人民法院(2018)黑0502民撤6号民事裁定书,广东省佛山市中级人民法院(2018)粤06民终11408号民事裁定书,陕西省汉中市中级人民法院(2019)陕07民终494号民事裁定书,等等。

② 参见江苏省苏州市中级人民法院(2016)苏05民终3513号民事裁定书。还有的裁判文书在说理部分指出,如果上诉人认为民事执行裁定书的内容损害了其民事权益,可在法定期限内,通过向法院提起第三人撤销权之诉来维护其合法权益,参见辽宁省辽阳市中级人民法院(2014)辽阳民一终字第00474号民事判决书。

③ 参见云南省高级人民法院(2017)云民终1155号民事裁定书。

多数法院的做法，即民事执行裁定书不宜作为第三人撤销之诉的客体。一方面，执行以迅速、经济、简便为基本价值追求，所以法院在作出执行裁定书时对案外人的程序保障程度较低，这意味着裁定可以在当事人及案外第三人不参与的情况下作出，① 故不能满足第三人撤销之诉的程序要件；另一方面，如果第三人认为执行裁定书有错误，可以通过相应的执行救济程序来维护自己的合法权益。

其二，诉讼程序中涉及民事实体权利的裁定主要是财产保全的裁定和先予执行的裁定，但是一般认为，这些裁定具有临时性救济的性质，只是中间性裁判，因而没有既判力，不是"已发生法律效力的裁定"，而且，对于保全和先予执行的裁定而言，《民事诉讼法》还设置了其他救济途径，② 故没有作为第三人撤销之诉的客体的必要。

例如，在司法实践中，法院也认为，涉及财产保全的裁定属于程序事项的裁定，不具有既判力，并未对保全财产予以实体处理，且利害关系人对保全裁定不服的可以申请复议，故财产保全裁定书不属于第三人撤销之诉的客体。③

其三，根据《民诉法解释》第 297 条的规定，适用特别程序处理的案件不能提起第三人撤销之诉，所以确认调解协议、实现担保物权的裁定④ 也不能作为第三人撤销之诉的客体。

这样看来，裁定作为第三人撤销之诉的客体实属没有必要，《民诉法

---

① 王福华.第三人撤销之诉适用研究[J].清华法学，2013（4）：59.

② 朱金高.对第三人撤销之诉的异议[J].政法论丛，2017（5）：95.

③ 四川省自贡市大安区（2015）大民一初字第 534 号民事裁定书；山东省德州市中级人民法院（2015）德中立民终字第 22 号民事裁定书；内蒙古自治区乌海市中级人民法院（2017）内 03 民终 91 号民事裁定书；内蒙古自治区兴安盟中级人民法院（2018）内 22 民终 1028 号民事裁定书。

④ 参见湖北省宜昌市中级人民法院（2016）鄂 05 民终 1068 号民事裁定书。

解释》的释义书中持此种观点。① 不过，正如张卫平教授所言，实践中可能存在"名为裁定、实为判决"的情形。② 所以，法律作出这样的规定也是为未来适用的可能性留下余地。

（3）调解书

调解书是法院制作的记载当事人所达成的调解协议内容的法律文书。一经双方签收，便具有与生效判决同等的法律效力，可以作为强制执行的依据。

调解素有"东方经验"之称，对社会转型期纠纷的解决和社会关系的修复起到了重要的作用。不过，还应看到，调解书是第三人撤销之诉的"重灾区"。司法实践中，大量的虚假诉讼以调解的方式结案，③ 侵害了第三人合法权益，也造成了司法资源的浪费。曾有学者对2013—2016年涉第三人撤销之诉的案件统计、分析后发现，第三人申请撤销调解书的案件数量占案件总量的50%，并且原告的胜诉率较高。④ 所以，调解书成为第三人撤销之诉的客体并无太多争议。

同时，最高院认为，调解书应该包括《民事诉讼法》第98条规定的，调解达成协议但不需要制作调解书，通过制作调解笔录结案的情形。⑤ 但需要注意的是，针对本条第1款第1项、第2项，即调解和好的离婚案件和调解维持收养关系的案件，不能提起第三人撤销之诉。

---

① 沈德咏.最高人民法院民事诉讼法司法解释理解与适用（下）[M].北京：人民法院出版社2015：795.

② 张卫平.中国第三人撤销之诉的制度构成与适用[J].中外法学，2013（1）：182-183.

③ 李浩.虚假诉讼与对调解书的检察监督[J].法学家，2014（6）：66-76.

④ 张兴美.第三人撤销之诉的中国表达[D].长春：吉林大学，2017：85.

⑤ 沈德咏.最高人民法院民事诉讼法司法解释理解与适用（下）[M].北京：人民法院出版社，2015：779.

2. "内容错误"的具体内涵

裁判文书主要由标题、正文和落款三部分组成,其中正文部分又包括首部、事实、理由、裁判依据、裁判主文和尾部等内容。① 判决书对说理性的要求较高,所以对事实和理由部分要详细说明;裁定书应写明当事人请求法院解决或法院依职权需要解决的事项、作出裁定的理由及判定的结果;② 调解书重在写明诉讼请求、案件事实和调解结果,不过前两项内容不要求详细阐述。

"内容错误"不能理解为前述文书的组成部分中的任一内容,而应当是涉及实体性的裁判内容,即判决书和裁定书的"主文部分",调解书中处理当事人民事权利义务的结果部分。具言之,就是判决书中"判决如下"后面的判项及诉讼费用负担部分,裁定书中"裁定如下"后面的结论部分,调解书中的"当事人自愿达成如下协议"后面的部分。因诉讼费用是当事人间的程序上发生之事项,不会对第三人的利益产生不利结果,所以该部分不作为第三人撤销之诉的对象。在司法实践中,法院对"内容错误"的认定也仅限于裁判文书中的主文部分或结果部分,而事实和理由的错误不是第三人撤销之诉的对象。③ 法院之所以作出这样的判断,其衡量标准就在于错误的生效裁判文书(调解书)的主文对第三人产生了相当于既判力

---

① 沈德咏.民事诉讼文书样式(上册)[M].北京:人民法院出版,2016:2-9.
② 李浩.民事诉讼法学(第3版)[M].北京:法律出版社,2016:256;王胜明.中华人民共和国民事诉讼法释义[M].北京:法律出版社,2012:371-372.
③ 参见广东省高级人民法院(2015)粤高法民撤终字第3号民事判决书、吉林省高级人民法院(2017)吉民终81号民事裁定书青海省高级人民法院(2019)青民撤2号民事判决书、最高人民法院(2018)最高法民终233号民事裁定书,等等。当然,任何判决、裁定和调解书都是基于事实和理由产生的,内容错误可能是基于事实错误或(和)理由错误。

那样直接的拘束力，达到了确有撤销之必要的程度。①

（二）结果条件

结果条件是指生效的判决、裁定和调解书的错误内容损害了第三人的民事权益。该条件非常重要，有学者认为，只要第三人证明了该条件存在，就能反向认定上述实体条件已经成立。② 它是法院进行实体审查的关键条件，决定着第三人的诉讼请求是否能得到法院支持。

民事权益，是民事权利和民事利益③的统称，涵盖的范围极其广泛。司法者认为，此处的"民事权益"是指《侵权责任法》第2条第2款规定的18种人身、财产权益。④ 我国《侵权责任法》第2条第2款并未区分民事权利和民事利益，它所保护的主要是物权、人格权、知识产权等绝对权。至于债权，虽然学界有人认为也应该属于"民事权益"的范围，⑤ 不过，司法者却不这样认为，而是主张债权原则上不属于第三人撤销之诉保护的范围，但是法律明确给予特殊保护的债权及法律明确规定享有撤销权的债

---

① 王亚新教授从解释论的角度出发，将"内容错误"划分为三个层次：（1）第三人的程序利益在前诉中遭受损害或未得到应有的保障；（2）前诉裁判文书的主文内容可能有错误；（3）内容错误达到确有必要撤销的程度。这三个层次是层层递进的关系，只有满足了前一层次的条件，才能进入下一层次的判断。参见王亚新. 第三人撤销之诉原告资格的再考察 [J]. 法学研究，2014（6）：144.

② 吴泽勇. 第三人撤销之诉的原告资格 [J]. 法学研究，2014（3）：161-162；张兴美. 第三人撤销之诉要件的适用及其方法 [M] // 法律方法（第25卷）. 北京：中国法制出版社，2018：476-477.

③ 民事利益是指虽受法律一定程度的保护但尚未形成民事权利的利益。依内容不同，可分为人身利益（如死者的姓名、肖像、隐私，夫妻之间的人身利益等）和财产利益（如商业秘密、纯粹经济损失等）。参见程啸. 侵权责任法（第2版）[M]. 北京：法律出版社，2015：120-121.

④ 沈德咏. 最高人民法院民事诉讼法司法解释理解与适用（下）[M]. 北京：人民法院出版社，2015：780；最高人民法院（2016）最高法民终174号民事判决书.

⑤ 肖建国教授认为，"民事权益"既包括第三人的物权等绝对权，也包括第三人的债权。参见江伟，肖建国. 民事诉讼法（第8版）[M]. 北京：中国人民大学出版社，2018：390.

权除外,① 这需要根据具体的法律规范和案情判断债权人(第三人)是否享有优先权或撤销权。

此外,也有程序法学者提出,基于文义解释和体系解释,《民事诉讼法》第 56 条第 3 款的 "民事权益" 不仅包括民事实体权益,还应当包括民事程序权利,特别是对第三人另行诉讼的权利的损害。② 这里所指的 "第三人" 主要是不可归责于自身原因未参加诉讼但被判承担民事责任的无独立请求权第三人,因为其无法像有独立请求权第三人和辅助型第三人那样可以通过另行诉讼维护自己的实体权益。司法实践中也确有判例存在。将民事程序权利纳入第三人撤销之诉所要保护的 "民事权益" 范围之中,可以最大程度地发挥其遏制虚假诉讼的功效。然而,最高人民法院官方意见认为,"民事权益" 限于实体权益,程序性权利不在此列。③ 可见,前述广义的 "民事权益" 的观点要想被司法者采纳,尚需时日。

第三节 第三人撤销之诉的审判及效力

一、审查与受理

第三人提起撤销之诉首先要满足起诉的条件,提交起诉状并附上相应

---

① 前者如《合同法》第 286 条规定的建设工程价款优先受偿权、《海商法》第 22 条规定的船舶优先权,后者如《合同法》第 74 条和《企业破产法》第 31 条规定的债权人对债务人的行为享有的撤销权。

② 任重. 论虚假诉讼:兼评我国第三人撤销诉讼实践[J]. 中国法学,2014(6):243-264;任重. 回归法的立场:第三人撤销之诉的体系思考[J]. 中外法学,2016(1):150-151.

③ 景汉朝. 最高人民法院关于登记立案司法解释理解与适用[M]. 北京:人民法院出版社,2016:110.

第三章 我国第三人撤销之诉的现状分析

的证据材料。法院应当在收到起诉状[①]和材料之日起 5 日内将这些材料送交被告，被告可以在收到后的 10 日内提出书面意见。而根据《民事诉讼法》第 125 条的规定，在一审普通程序中，人民法院是在立案之日起的 5 日内将起诉状副本发送给被告。显然，二者之间明显不同。申言之，人民法院对于第三人撤销之诉并不能当场登记立案，而是先接受材料，在立案前就要将起诉状副本等材料送至被告，这样做是为了更加全面地了解第三人与前诉的相关情况，为接下来的审查程序做准备。

如前所述，虽然为了解决"立案难"，我国民事诉讼已经施行登记立案制度，但因为第三人撤销之诉的特殊性，其并不能适用登记立案制，而是要适用审查立案制。审查有形式审查和实质审查之分，最高人民法院认为，对第三人撤销之诉的审查应该采取实质审查的标准。[②]在随后发布的《登记立案决定》中，最高人民法院又再次重申对第三人撤销之诉的立案期间的规定。不过，在《登记立案决定》的释义书中，最高院改变了仅对第三人撤销之诉进行实质审查的标准，将审查的内容区分为形式审查的事项和实质审查的事项。[③]形式审查的事项包括：当事人[④]、除斥期间和管辖法院，实质审查的事项包括：程序参与欠缺、生效裁判及调解书内容错误和第三人民事权益（限实体权益）受损。不难看出，不

---

① 起诉状的具体内容，可参见沈德咏.最高人民法院民事诉讼法司法解释理解与适用（下）[M].北京：人民法院出版社，2015：785。

② 沈德咏.最高人民法院民事诉讼法司法解释理解与适用（下）[M].北京：人民法院出版社，2015：785.

③ 景汉朝.最高人民法院关于登记立案司法解释理解与适用[M].北京：人民法院出版社，2016：110.

④ 原诉的原告、被告是第三人撤销之诉的共同被告，原诉有第三人的，一般也要列为共同被告。但是，若为原诉中没有被判承担责任的独立请求权第三人，不能列为共同被告，而应列为第三人撤销之诉的第三人。这主要是因为该第三人并没有诉的利益存在。

管是形式审查还实质审查，审查的事项均已经涉及诉讼要件乃至实体要件的内容，这说明第三人撤销之诉的立案受理仍未摆脱原来饱受诟病的立案登记制的桎梏。①

对于需要实质审查的事项，《民诉法解释》还要求第三人应该提供证据材料证明，如果没有提交证据材料，法院一般不会受理案件。②不过，这里的证明不要求查证属实，只要能起到"初步证明"的效果。质言之，原告通过起诉时提交的证据材料，使法官对其主张的事实形成"情况很有可能如此"的大致判断即可。③经审查，符合前述各项条件的，应当受理，反之，则裁定不予受理。对不予受理的裁定不服，可以向上一级法院提起上诉。除此之外，《民诉法解释》第297条还以列举的方式规定了4类不予受理的情形。不管是受理还是不受理，法院都只能在收到原告的诉状之日起30日之内作出决定。如果在该法定期间内仍不能确定，应该先予以立案。④

从比较法的角度看，法国对第三人撤销之诉受理后对原生效裁判的执行的问题作出了相应的规定。不过，最高院没有借鉴法国的立法形式，

---

① 有学者对此做法进行了批评，认为立案登记制实质上就是有诉必有案，只要当事人提交了符合法院要求的材料，法院就必须对第三人撤销之诉登记立案。第三人撤销之诉构成要件的复杂性，并不能成为否定立案登记的理由，是否符合构成要件应该在随后的审查程序中判断。参见许尚豪.程序审查与实体审理：第三人撤销之诉的二阶结构研究[J].政治与法律，2015（12）：141-142.

② 如最高人民法院（2015）民一终字第37号民事裁定书。

③ 这种证明程度类似于大陆法系民事诉讼理论对程序性或附随性事实要求达到的"疏明"。陈杭平.中国大陆新民事诉讼法增设的第三人撤销之诉制度[J].月旦法学杂志，2014（43）：28-29.

④ 如果出现被告下落不明，可以采取先行立案，然后公告送达的特殊处理。江必新.民诉法解释法义精要与实务指引[M].北京：法律出版社，2015：697.

正面回应这一问题。而是另辟蹊径，采用一个非常不完全的条款，只规定了一种可以中止执行的情形，即原告提供担保后请求中止执行。这样规定的目的，是为了方便法院行使自由裁量权，在必要时依职权中止执行。[①]但这种情形应该得到严格的限制，实践中，还应当以前一种的情形为常态。

二、审理与裁判

法院已立案受理并不意味着法院已经认定原告具备提起第三人撤销之诉的主体资格，如果法院在审理的过程中，发现原告不符合起诉条件，其经法院通知后不撤诉，法院应当裁定驳回起诉。[②]

对第三人撤销之诉案件，虽然受理的法院可能是一审法院，也可能是二审法院，但不论本身是何种级别的法院，都应当按照第一审普通程序，但不能适用简易程序审理[③]，只能组成合议庭进行开庭审理。

依照《民诉法解释》第300条的规定，第三人在提出撤销已生效的判决、裁定及调解书的全部或部分内容的同时，可以提出确认其全部或部分民事权利的主张。法院经过审理后，可以依据下列3种情形，作出不同的判决：① 撤销法律文书的请求成立且确认民事权利的主张也成立，法院应该作出

[①] 沈德咏. 最高人民法院民事诉讼法司法解释理解与适用（下）[M]. 北京：人民法院出版社，2015：800—801.

[②] 如福建省福州市仓山区人民法院（2017）闽0104民撤3号民事裁定书、湖北省十堰市茅箭区人民法院（2018）鄂0302民初4783号民事裁定书、最高人民法院（2018）最高法民终326号民事裁定书，等等。

[③] 《民诉法解释》第257条："下列案件，不适用简易程序：……（六）第三人起诉请求改变或者撤销生效判决、裁定、调解书的；……"

改变判决，改变① 原判决、裁定、调解书内容错误的部分；② 撤销法律请求的请求成立，但确认民事权利的主张不成立或没有提出该主张，法院只能作出撤销判决；③ 诉讼请求无理由，判决驳回诉讼请求。因为第三人撤销之诉适用一审程序，若对上述裁判结果不服，自然可以提起上诉。对于二审判决，可以申请再审②。

实践中，存在着形似改变判决，实为撤销判决的案件（案例3-3）。在该案中，原告并未提出确认其民事权利主张的诉讼请求，法院作出的"变更"实为撤销原判决中内容错误的部分。

【案例3-3】③ 符某全款购买了A房地产公司的商铺，并进行了合同备案登记，该商铺在双方签订商品房买卖合同之日已完成交付。随后，宋某、苏某向B信用社贷款，A房地产公司为该笔贷款提供5处房产抵押担保，其中包括已出售给符某的商铺。因宋某、苏某未完全履行还款义务，B信用社向法院提起诉讼，法院判决：1.宋某、苏某判决生效后七日内偿还B信用社的欠款本息；2.B信用社对5处房产变卖、拍卖价款在第1项判决范围内优先受偿。判决进入执行程序后，符某得知其购买的商铺已办理抵押登记，遂以国土资源局为被告、以B信用社为第三人提起行政诉讼，法院判决国土资源局在商铺上设立抵押登记及颁发他项权证的行为违法。紧接着，符某向法院提起了第三人撤销之诉，请求法院变更原判决第2项。法院认为符某的诉讼请求成立，依照《民诉法解释》第300条第1款第2

---

① 张卫平教授认为，此处所谓的"改变"，是指人民法院根据事实和法律对原判决、裁定中错误且导致侵害第三人民事权益的部分加以纠正。既然是"改变"，就表明原判决、裁定并没有被完全否定和撤销。张卫平. 民事诉讼法（第4版）[M]. 北京：中国人民大学出版社，2019：125。

② 如最高人民法院（2018）最高法民再105号民事裁定书。

③ 四川省眉山市中级人民法院（2019）川14民撤1号民事判决书。

项的规定，判决变更原判决的第 2 项为 B 信用社对 4 处（即除去商铺）房产变卖、拍卖价款在第 1 项判决范围内优先受偿。

最高人民法院认为，对于第三人撤销之诉而言，应以作出撤销判决为原则，作出改变判决要受到严格的限制。①其一，基于处分原则，只有原告提出了确认民事权利的诉讼请求，法院才能作出改变判决。其二，原告请求确认民事权利须是第三人撤销之诉获得法院支持的前提，也即与原诉讼标的有关（案例3-4）。其三，对于一审生效判决提出第三人撤销之诉可以直接作出改变判决，对于二审生效判决因涉及审级利益和法院的负担，以作出撤销判决为原则。

【案例3-4】②被告肖某、郭某系夫妻，原告曹某系肖某之母。在肖某与郭某离婚纠纷案件中，法院作出的判决将房屋判归郭某所有。曹某认为该判项侵犯了自己的合法权益，故提起第三人撤销之诉，请求法院撤销原判决中涉及房屋的判项，并判决房屋归自己所有。法院经过审理，支持了原告的全部诉讼请求。

依照《民诉法解释》第 297 条第 2 项的规定，第三人不能对夫妻双方解除婚姻关系的诉讼提起撤销之诉，但对于案例3-4这类的离婚析产案件，可能会因财产分割而与第三人权益利害攸关。这类第三人撤销之诉的案件，是基于前诉结果影响第三人实体权利义务的程度来回溯地确定其对前诉裁判的实体内容而言是否具备第三人撤销之诉的原告资格。

第三人撤销之诉的司法实践中，第三人因只与房地产开发公司签订了买卖合同，未及时办理过户手续，随后被房地产开发公司"一房二卖""一

---

① 沈德咏.最高人民法院民事诉讼法司法解释理解与适用[M].北京：人民法院出版社，2015：803-804.

② 内蒙古自治区开鲁县人民法院（2017）内 0523 民撤 2 号民事判决书。

房既买卖又抵押"等行为侵犯民事权益的案件屡见不鲜（案例3-5、案例3-6）。这些案件中的第三人（购房者）在提起撤销之诉时，除了请求法院撤销原判决对其不利的判项外，往往还会提出确认房屋权属的诉讼请求。法院处理此类案件时更为审慎，一般不会在判项中对房屋的权属作出确认。

【案例3-5】① 鲍某与A房地产公司签订商品房屋买卖合同后支付了全部房款，并完成了交付，但未办理过户手续。随后，A房地产公司又和李某、张某签订了买卖合同，出售该房屋，并进行了预告登记。李某、张某因A房地产公司拒绝配合办理产权证而提起诉讼，法院判决共同原告李某、张某与被告A房地产公司签订的房屋买卖合同合法有效，A房地产公司应该将房屋交付给原告，并配合原告办理过户手续。鲍某对该生效判决提起第三人撤销之诉，请求法院撤销原判决，确认其与A房地产公司签订的合同有效，已取得房屋所有权。法院经过审理，撤销了原判决对鲍某不利的判项，但未支持其提出的确认房屋权属的诉讼请求。

【案例3-6】② 余某与A建设公司签订了商品房买卖合同，并支付了房款，但未办理过户手续。随后，A建设公司以其所有的房屋为B公司在C银行的一笔贷款做担保，并办理了抵押登记，余某购买的房屋位列《抵押物清单》。因B公司未按照约定偿还借款本息，C银行遂向法院提起诉讼，法院判决B公司应在规定的时间内偿还借款本金及利息，如果未在规定的时间内偿还，则A建设公司以其抵押财产折价或者拍卖、变卖的价款优先偿还C银行的借款本息。余某对此判决提起第三人撤销之诉，请求法院判令撤销C银行对涉案房屋享有优先受偿权的内容，并确认其对涉案房屋的

---

① 吉林省高级人民法院（2018）吉民终274号民事判决书。
② 湖南省高级人民法院（2015）湘高法民一终字第421号民事判决书。

所有权。一审法院判决驳回余某的全部诉讼请求，余某提起上诉。二审法院认为，消费者在支付了购房款的全部或大部分后，可以对抗抵押权，故余某申请撤销原判决中关于 C 银行对涉案房屋享有优先受偿权的判项应得到支持。对于余某提出的确权诉讼请求，因原判决中并未涉及涉案房屋权属的确认，故不能通过改变民事判决也不宜在二审程序中对房屋权属予以确认，余某可以另行提起诉讼。

如果第三人既申请撤销调解书，又请求确认其民事权利，根据《民诉法解释》第 300 条之规定，法院需要作出改变调解书的判决。然而，众所周知，调解书的基础是当事人之间的调解协议，其本质在于当事人的合意。如果法院直接以判决的形式改变调解书的内容，有违自愿原则和处分原则。所以，对于调解书而言，原则上应以撤销为宜，不能作出改变判决（案例 3-7）。如果调解书的部分内容错误，只能撤销错误的内容，而不能全部撤销，这同样是基于保护当事人的合意（案例 3-8）。调解书被撤销的部分于原诉讼当事人之间失去效力，如果该部分源于恶意串通损害第三人的合法权益，则无再行争讼之必要。反之，原当事人对该部分的民事权利义务另行起诉或达成新的调解协议，请法院制作调解书。

不过，需要引起注意的是，司法实践中，仍有部分法院作出判决，在撤销调解书内容错误的部分的同时，对原告主张的民事实体权利进行确认。[1] 其实质，是改变了调解书的内容，重新划定了当事人之间的民事权利义务关系。

---

[1] 广西壮族自治区北流市人民法院（2016）桂 0981 民撤 1 号民事判决书、广西壮族自治区玉林市中级人民法院（2017）桂 09 民终 130 号民事判决书、辽宁省鞍山市中级人民法院（2018）辽 03 民终 2723 号民事判决书、江苏省泰兴市人民法院（2018）苏 1283 民初 2033 号民事判决书，等等。

【案例3-7】①李某与袁某签订了房屋销售协议，袁某支付了全部房款后，李某将房屋交付给袁某但未办理过户手续。随后，廖某因借贷纠纷起诉李某，双方达成了调解协议，法院根据调解协议制作了调解书，该房屋将抵让给廖某，扣除借款后，廖某向李某支付相应的房款。袁某认为该调解书损害其合法权益，提出第三人撤销之诉，请求法院：1.确认房屋所有权归其所有；2.撤销民事调解书。法院认为，本案撤销之诉的对象为调解书，系当事人协议的内容，若以判决方式改变当事人之间的协议内容，有违调解之当事人处分和自愿原则，所有对于确认房屋所有权的诉讼请求不予支持，当事人可以另行诉讼解决争议。依据《民诉法解释》第292条、第300条判决撤销调解书。

【案例3-8】②于某将A煤矿诉至法院，要求其偿还借款本息310万元。案件审理期间，双方达成调解协议：A煤矿在规定时间内偿还于某的借款本息310万元及投资款200万元。法院根据该调解协议制作并向双方送达了调解书。A煤矿的合伙人台某（持有61%的股份）以该调解书的内容错误损害其民事权益为由提起第三人撤销之诉，请求撤销该调解书。一审法院认定，对于310万元的借款本息，事实清楚、证据充分；对于投资款200万元事实错误、证据不足。判决：1.撤销上述民事调解书；2.A煤矿于判决生效后立即给付于某借款本息310万元。于某提起上诉。二审法院认为，作出的判决主文应为撤销该调解书错误部分的内容，而非在全部撤销调解书的基础上，附加有其他判项，判决撤销一审判决及民事调解书关于A煤矿向于某给付投资款200万元的内容。

---

① 云南省景东彝族自治县人民法院（2015）景民初字第471号民事判决书。
② 黑龙江省高级人民法院（2016）黑民终384号民事判决书。

三、判决效力

这里主要是指原告获得胜诉的情况下判决的效力。《民诉法解释》第300条第3款的规定，原生效裁判、调解书的内容未改变或未撤销的部分继续有效。司法解释虽然没有明确指出对谁有效，但根据体系解释，显然这里是对原诉讼当事人继续有效。此款规定的反面解释即为，原生效裁判、调解书的内容被改变或撤销的部分失去效力。

第四章 我国第三人撤销之诉的问题与完善

第一节 我国第三人撤销之诉存在的问题

一、立法体例设置不当

与域外法将第三人撤销之诉规定在审判程序中不同,我国的第三人撤销之诉规定在《民事诉讼法》第一编第五章"诉讼参加人"中,作为新增的一款嵌入到"第三人"的规定里。这样的立法体例,一方面限制了第三人撤销之诉原告的范围,使得第三人撤销之诉面临难以逾越的司法适用困境;另一方面,采纳这样的立法例,具体的程序规定将无法纳入其中,不利于第三人撤销之诉的构建和完善。此外,还应当注意到,立法体例设置还会影响民事诉讼法学的研究,以教科书为例:有的教科书按照现行法的体例,将第三人撤销之诉置于"诉讼当事人"一章,作为第三人制度的一

第四章　我国第三人撤销之诉的问题与完善

部分；①有的将第三人撤销之诉置于再审程序之下，作为单独的一节；②以"马克思主义理论研究和建设工程"教科书为代表的部分教材则把第三人撤销之诉与公益诉讼合列为一章，分节进行阐述；③还有的为了凸显第三人撤销之诉的"独立性"，将其单独列为一章予以讨论。④民事诉讼研究与教学将进一步影响司法实践。总之，为了更好地完善第三人撤销之诉制度，发挥制度功能，有必要反思现行立法体例，并做出改变。

二、立法（制度）目的定位偏差

在 2012 年《民事诉讼法》修正前和修正过程中，不少专家学者和实务部门的立法建议均提到了要构建第三人撤销之诉制度，以应对恶意诉讼的盛行。⑤这一建议得到了立法机关的回应，第三人撤销之诉最终被纳入《民事诉讼法》，被誉为遏制虚假诉讼、恶意诉讼的"重拳""猛药"。⑥立法机关希望通过第三人撤销之诉达至遏制恶意诉讼和保护第三人的民事权

---

① 蔡虹.民事诉讼法（第4版）[M].北京：北京大学出版社，2016：177-179.

② 王福华.民事诉讼法学（第2版）[M].北京：清华大学出版社，2015：377-382；江伟，肖建国.民事诉讼法（第8版）[M].北京：中国人民大学出版社，2018：387-392.

③ 民事诉讼法学编写组.民事诉讼法学[M].北京：高等教育出版社，2017：287-292；李浩.民事诉讼法学（第3版）[M].北京：法律出版社，2016：265-268；宋朝武.民事诉讼法学（第5版）[M].北京：中国政法大学出版社，2018：328-333.

④ 张卫平.民事诉讼法（第4版）[M].北京：法律出版社，2016：384-398；刘家兴，潘剑锋.民事诉讼法教程（第5版）[M].北京：北京大学出版社，2018：232-236.

⑤ 全国人大常委会法制工作委员会民法室编.民事诉讼法立法背景与观点全集[M].北京：法律出版社，2012：10-11，105，139，147，155，159，199.

⑥ 卫建萍.第三人撤销之诉：遏制恶意诉讼再下制度"猛药"[N].人民法院报，2013-05-20（7）；王俊莎，刘金露.第三人撤销之诉 打击虚假诉讼的又一"重拳"[N].上海法治报，2013-05-14（B07）.

益的双重目的。① 不论是从程序法的视角还是实体法的视角,"保护第三人民事权益"作为第三人撤销之诉目的没有太大问题,但是"遏制虚假诉讼"作为第三人撤销之诉的目的是否合适,如果合适的话,该目的能否得以实现呢?

有学者在统计了 353 起第三人撤销之诉后得出以下结论:当事人对虚假诉讼的事实主张和证明存在困难,法院也尽可能回避认定这种行为,其实践情况可以用"声称者多,证实者少,认定者(几乎)无"来概括。② 笔者对中国裁判文书网上公布的高级人民法院、最高人民法院处理的第三人撤销之诉案件的裁判文书研读分析后发现,不少案外第三人一审提起第三人撤销之诉或者二审乃至再审中往往提出"恶意串通""虚假诉讼"的理由(有时候被告、被上诉人或被申请人在答辩、抗辩的时候也会提出),但是被法院认定的几乎没有。可以说,第三人撤销之诉案件的一个特点是"起诉的多,受理的少,进入实质性审判程序的更少"。在高级人民法院审理的案件中,即使有当事人提出原诉讼涉嫌虚假诉讼或恶意诉讼,但被法院认定的尚无一例。③ 最高人民法院同样对虚假诉讼的认定持审慎态度,在"上诉人马某与被上诉人杨某、白某第三人撤销之诉一案"④ 中,马某

---

① 王胜明.中华人民共和国民事诉讼法释义[M].北京:法律出版社,2012:118.实际上,虚假诉讼和恶意诉讼是有区别的,这里所使用的恶意诉讼应该是广义上的,涵盖了虚假诉讼。

② 郑金玉.我国第三人撤销之诉的实践运行研究[J].中国法学,2015(6):268-269.

③ 20013—2019 年,各省、自治区、直辖市高级人民法院适用第三人撤销之诉程序审理的案件共 211 件,判决书 35 份、裁定书 173 份、调解书 3 份。其中,有 3 份调解书〔湖南省高级人民法院(2019)湘民撤 1 号、3 号、4 号调解书〕、7 份裁定书〔黑龙江省高级人民法院(2019)黑民撤 62 号、63 号、71 号、73 号、75 号、77 号、79 号民事裁定书被法院认定为不宜在互联网公布的其他情形〕依法未公开。参见中国裁判文书网.[EB/OL].[2020-04-01]. http://wenshu.court.gov.cn.

④ 参见最高人民法院(2014)民四终字第 46 号民事裁定书。

不服海南省高级人民法院（2014）琼民三初字第 1 号民事判决书向最高人民法院提起上诉，称杨某、白某民间借贷纠纷案是两人恶意串通、规避管辖而进行的虚假诉讼，但是最高法院并未认可该上诉意见。笔者仅发现有一例案件（案例 4-1），最高人民法院对案件是否涉及虚假诉讼作出了"含蓄的"认定：

【案例 4-1】①郑某与丁某于 2005 年 12 月 23 日登记结婚，婚后郑某前往广州市打工，丁某在广东省雷州市生活，夫妻分居。双方 2006 年生育一女儿，后于 2007、2008、2010 年又分别生育三个子女。在双方离婚诉讼案件中，经医学鉴定，仅 2006 年生育的女儿是郑某亲生，其余均非郑某与丁某所生子女。自 2006 年 1 月 22 日起至 2011 年 7 月 20 日期间，陈某多次给丁某银行汇款，共计 452 500 元。丁某与陈某之间并未对这些汇款的性质进行书面约定，直至 2011 年 9 月 13 日郑某提起离婚诉讼后（陈某在本案中作为证人出庭），丁某才于同年 10 月补写了借据、借条给陈某。随后，陈某以丁某为被告提起民间借贷诉讼，在与丁某就借贷案件达成调解协议并取得调解书后，又以该债务属于郑某、丁某夫妻共同债务为由要求撤销郑某与丁某的离婚诉讼判决。

在该案中，最高人民法院认为，陈某的诉讼行为明显有违诚信，有虚假诉讼之嫌，丁某所举债务不能认定为其与郑某的夫妻共同债务，最终，分别作出裁定驳回了陈某和丁某的再审申请。

一方面，让第三人提供证据证明虚假诉讼的存在，面临着诸多困难，第三人撤销之诉能否胜任应对虚假诉讼的重任，不无疑问。②另一方面，

---

① 参见最高人民法院（2015）民申字第 1031 号民事裁定书、最高人民法院（2015）民申字第 1032 号民事裁定书。

② 李浩. 虚假诉讼中恶意调解问题研究［J］. 江海学刊，2012（1）：136-143.

2012年《民事诉讼法》实施后,针对第三人撤销之诉被滥用的批评却接踵而至,①第三人撤销之诉可能又为案外人与当事人一方串通频繁启动撤销程序、阻挠判决执行的另一类虚假诉讼提供了制度温床。②总之,将遏制虚假诉讼作为第三人撤销之诉的目的有失妥当。

三、原告范围存在争议

什么样的人可以提起第三人撤销之诉,可以说是理论界和实务界讨论最为热烈、文献最为丰富的主题。有学者对875件第三人撤销之诉案件的各项构成要件的适用情况进行了分析,其中,主体要件的适用位列全部构成要件的第一位。③

对于第三人撤销之诉的原告范围,主要存在以下几种观点。

1. "原告资格扩张说"。该说认为,不应将第三人撤销之诉的主体限定在有独立请求权的第三人和无独立请求权第三人,而应对"第三人"做扩张解释,比如,"可以将诈害第三人及遗漏必要共同诉讼人扩展为适格的第三人。"④有的学者甚至认为56条第1款、第2款的"第三人"具有"虚幻性",因此必须摒弃对第三人的限制,转向以案由作为识别标准,将受案范围扩大到所有的当事人提起的名称为第三人撤销之诉的

---

① 章宁旦.第三人撤销之诉缘何水土不服[N].法制日报,2013-12-16(8);林劲标,凌蔚,卢柱平.第三人撤销之诉猛增——纠错需要还是滥用诉权[N].人民法院报,2013-12-23(6).

② 傅郁林.改革开放四十年中国民事诉讼法学的发展:从研究对象与研究方法相互塑造的角度观察[J].中外法学,2018(6):1429.

③ 张兴美.第三人撤销之诉要件的适用及其方法[M]//法律方法(第25卷).北京:中国法制出版社,2018:477.

④ 许少波.第三人撤销之诉与申请再审的选择[J].河南大学学报(社会科学版),2015(1):27-33.不过,《民诉法解释》已经规定,必要共同诉讼人不能提起第三人撤销之诉。

诉讼。① 实务界人士也认为，为了促进第三人撤销之诉的有效适用，应对第56条前两款的"第三人"从宽把握。② 该学说随着《民诉法解释》的颁布，逐渐成为主流的观点。

2. "原告资格限制说"。该说主张，对于有独立请求权的第三人，不宜作为第三人撤销之诉的适格原告，可以通过另行起诉的方式以资救济。对于无独立请求权的第三人而言，有学者认为，"如果其因非可归责于自己的事由未参加原审，而且法院判决其承担责任的，可以认定其为第三人撤销之诉的适格原告。"③ 有学者则根据无独立请求权第三人参诉方式的不同做出区分，对于法院以职权通知第三人参加诉讼的，不论该第三人是否参加，均不再有第三人撤销之诉原告适格的问题；对于无独立请求权第三人申请参加诉讼的，如果其不知道自身的权益受到损害或者申请参诉却未被法院准许，则有第三人撤销之诉原告适格，如果其明知自己权益受损但自愿放弃参诉的权利，就不能再提起第三人撤销之诉。④ 还有的学者从比较法的角度指出，我国《民事诉讼法》对第三人撤销之诉的原告资格规定得过于宽泛，法国的第三人撤销之诉要求该第三人未参与诉讼，并且其利益也没有在诉讼中被代表。⑤

---

① 许尚豪. 程序审查与实体审理：第三人撤销之诉的二阶程序结构研究[J]. 政治与法律，2015（12）：138-145.

② 吴兆祥，沈莉. 民事诉讼法修改后的第三人撤销之诉与诉讼代理制度[J]. 人民司法，2012（23）：19.

③ 张卫平. 第三人撤销判决制度的分析与评估[J]. 比较法研究，2012（5）：1-15；孙永军. 第三人撤销之诉中"第三人"的定位[J]. 海南大学学报（人文社会科学版），2014（1）：69-74；杨卫国. 论民事诉讼第三人权益救济制度系统之重构——以案外第三人撤销之诉原告适格为中心[J]. 海南大学学报（人文社会科学版），2015（3）：122-128.

④ 胡军辉. 论第三人撤销之诉与周边程序的协调[J]. 政治与法律，2015（8）：143-149.

⑤ 巢志雄. 法国第三人撤销之诉研究——兼与我国新《民事诉讼法》第56条第3款比较[J]. 现代法学，2013（3）：160-174.

3."否定说"。该说认为,不论有独立请求权第三人还是无独立请求权第三人均非第三人撤销之诉的适格原告。①

对照上述各种学说,结合司法实践,笔者认为,第三人撤销之诉原告范围的争论主要在以下几个方面。

其一,"有独三"之"有独立请求权"和"无独三"之"有法律上的利害关系"具体内含本身均存在着较大争议,有待理清。对于"有独立请求权",通说一般认为,它是指对本诉的诉讼标的提出的独立于原被告的实体权利,简言之,"有独三"即为独立的"实体权利人"。晚近,有学者认为"有独立请求权"是与本诉的诉讼标的并存的"新的独立的诉讼标的",表现为第三人在撤销诉讼中提出的各项具体诉讼请求。②对于诉讼标的理论,我国理论界和实务界以"旧实体法说"为通说,依照该说,诉讼标的乃原告提出的实体权利主张(或法律关系)。由此可见,将"有独立请求权"视为"新的诉讼标的"的主张与通说有共通之处:实体权利不限于请求权,也包括形成权。关于"有法律上的利害关系"的争论,前文业已讨论,这里不再赘述。

其二,如果严格按照法律规定的文义解释,则能够提起第三人撤销之诉的"有独三"和"无独三"的范围极其有限,以至于有学者认为有独立请求权第三人不宜作为撤销之诉的原告,仅被告型无独立请求权第三人在未参加前诉而被法院判决承担责任时,可以提起第三人撤

---

① 董露,董少谋.第三人撤销之诉探究[J].西安财经学院学报,2012(6):99-102.宋汉林.第三人撤销诉讼立法的完善[J].理论探索,2013(2):117-121.

② 刘东."有独立请求权"的类型化分析——以民事诉讼法第56条第1款为中心的研究[J].政法论坛,2016(1):32-43.

销之诉。①但是司法实践中的具体操作,"第三人"的范围早已超出了《民事诉讼法》第56条文义解释的范围。理论界也有不少学者主张对《民事诉讼法》第56条前两款规定的"第三人"做扩张解释。

其三,《民事诉讼法》第56条与第119条之间的适用问题。司法实践中,有的法院适用《民事诉讼法》第119条来判断原告是否具有第三人撤销之诉的主体资格,②有的法院则仅适用《民事诉讼法》第56条来判断,③在"鞍山市中小企业信用担保中心与汪某、鲁某某保证合同纠纷案"中,最高法院则明确指出,以《民事诉讼法》第119条来判断担保中心是否具备第三人撤销之诉原告主体资格,属于适用法律错误。④有的法院则同时适用《民事诉讼法》第119条和第56条,综合判断,⑤在"陕西亨通连锁店管理集团有限公司、贾某某第三人撤销之诉案"中,最高法院认为第三人撤销之诉的起诉条件,除应符合《民事诉讼法》第119条规定的一般民事案件的起诉条件外,还应符合该法第56条的规定。⑥可见,司法实践中做法不一、

---

① 孙永军.第三人撤销之诉中的"第三人"定位[J].海南大学学报(人文社会科学版),2014(1):74.还有学者提出,被告型无独立请求权第三人被法院判决承担责任,仍可以通过上诉及再审的途径予以救济,第三人撤销之诉面临难以适用的困境。参见陈刚.第三人撤销判决诉讼的适用范围:兼论虚假诉讼的责任追究途径[N].人民法院报,2012-10-31(07).

② 如浙江省高级人民法院(2016)浙民终470号民事判决书中写道:所谓与本案有直接利害关系,是指作为原告的公民、法人或者其他组织自身的财产权、人身权或者其他民事权益受到侵犯或者是与他人直接发生了民事权利义务上的争议,原告因此向法院提起诉讼,要求法律保护。直接利害关系是一种权利、义务的冲突关系,属于法律上的利害关系。

③ 参见上海市高级人民法院(2016)沪民申1945号民事裁定书、青海省高级人民法院(2016)青民初70号民事裁定书,等等。

④ 最高人民法院(2016)最高法民终145号民事裁定书。

⑤ 辽宁省高级人民法院(2015)辽民撤字第00003号民事裁定书、云南省高级人民法院(2014)云高民一终字第306号民事裁定书,等等。

⑥ 最高人民法院(2018)最高法民终1219号民事裁定书。

令人生疑。

其实,问题的关键在于,如何理解《民事诉讼法》第119条中的"有直接利害关系"与《民事诉讼法》第56条中"有法律上的利害关系"之间的关系。因为,有独立请求权第三人与案件有直接利害关系不难理解,无独立请求权第三人是否可以理解为与案件"有直接利害关系"?官方认为,有"原告与本案有直接利害关系"是指当事人自己的民事权益受到侵害或与他人发生争议。① 学理上一般认为,"有直接利害关系"属于当事人适格的内容。如此一来,若以《民事诉讼法》第119条作为判断第三人撤销之诉原告主体资格的法律依据,则会使得与案件无直接利害关系的无独立请求权第三人陷入尴尬境地。

四、程序构建有待细化

(一)起诉期间有待进一步明确

第一,第三人对新民诉法生效前已生效的裁判文书提起撤销之诉的起诉期间的确定问题。众所周知,2012年修正的《民事诉讼法》从2013年1月1日起施行。如果第三人申请撤销的裁判文书是《民事诉讼法》实施后生效的,那么自然适用法律规定的6个月的起诉期间。但是,若裁判文书在新民诉法实施前已经生效,6个月的起诉期间该如何起算?《最高人民法院关于修改后的民事诉讼法施行时未结案件适用法律若干问题的规定》(第6条)仅对当事人对2013年1月1日前已生效的裁判申请再审的审查期间作出了规定,对第三人撤销之诉的起诉期间并未作出规定。随后的《民诉法解释》对此问题也同样未作出回应。

---

① 王胜明. 中华人民共和国民事诉讼法释义 [M]. 北京:法律出版社,2012:292.

对这一问题,主要存在三种观点:(1)新民诉法施行前已经生效的判决不能提起第三人撤销之诉;①(2)从民诉法生效之日开始计算;(3)若当事人在民诉法生效之日前已经知道或应当知道其民事权益受损,应当从其知道或应当知道之日起计算 6 个月的起诉期间。②

第二,第三人提起撤销之诉的最长起诉期间问题。从比较法的角度,法国《新民事诉讼法典》规定,主体性第三人撤销之诉的最长起诉期间为 30 年(第 586 条第 1 款)之所以规定如此长的期间,其原因在于法国法着重于保护第三人的民事实体权益。

笔者通过检索案例后发现,司法实践中已经出现了第三人申请撤销十余年前已生效的裁判文书的案件(当然,或许还有更早的),并获得最高人民法院的支持。③诚然,若不限制起诉期间,可以起到保护第三人利益最大化的效果,但是,从兼顾实体性权益保护及裁判或法的安定性的角度出发,应该设置最长起诉期间。

(二)原审审判人员是否回避

根据我国《民事诉讼法》的规定,第三人撤销之诉是向原审法院提出,即作出原生效裁判、调解书的法院提出,并经由合议庭审理。此时存在的问题是,组成合议庭时,原审的审判人员可否参加?沈德咏主编的《最高

---

① 林家庆,徐崧博.第三人撤销诉讼当事人适格及其他起诉问题之研究[J].军法专刊,2011(4):75.

② 刘东.第三人撤销之诉的程序构建:现状、不足及完善[J].法治研究,2018(1):150.

③ 在"上诉人永安市燕诚房地产开发有限公司(一审原告)因与被上诉人郑某某(一审被告)、远东(厦门)房地产发展有限公司(一审被告)及高某某(一审第三人)第三人撤销之诉案"中,上诉人申请撤销的是 2003 年法院作出的调解书。参见最高人民法院(2017)最高法民终 885 号裁定书。

人民法院民事诉讼法司法解释理解与适用》司法解释释义书中认为："司法解释并没有明确要求另行组成合议庭审理，其意在：人民法院可以根据具体情况，既可以另行组成合议庭审理，也可以允许原审审判人员参见合议庭审理。"① 然而，江必新主编的《民诉法解释法义精要与实务指引》一书中则认为："由于第三人撤销之诉要撤销或改变的是原审生效判决。因此，可类推适用2012年《民事诉讼法》第207条以及本解释第45条的规定，另行组成合议庭。也就是说，参加过之前一审、二审案件审理的法官应当回避，不宜成为审理第三人撤销之诉合议庭的成员。"②

司法实务中，已经有相关的案件。在张某某与六盘水志诚实业有限公司、六盘水名都房地产开发有限公司合资、合作开发房地产合同纠纷一案③中，张某某提起本案第三人撤销之诉认为，贵州省高级人民法院就名都公司与志诚公司合作开发房地产合同纠纷一案作出的（2014）黔高民终字第20号民事判决（以下简称20号判决）存在错误且损害其民事权益。最高人民法院的主审法官认为："凡在一个审判程序中参与过本案审判工作的审判人员，不得再参与该案其他程序的审判。"④ 对该规定中所称的"本案"，不应简单机械地从当事人范围、诉讼标的等方面进行理解。当事人提起第三人撤销之诉的实体权利能否得到支持，依赖于对业已发生法律效力的法律文书是否存在错误，是否损害第三人民事权益问题所

---

① 沈德咏.最高人民法院民事诉讼法司法解释理解与适用[M].北京：人民法院出版社，2015：795。相同观点参见奚晓明，杜万华.最高人民法院民事诉讼法司法解释适用解答[M].北京：人民法院出版社，2015：346-347。
② 江必新.民诉法解释法义精要与实务指引[M].北京：法律出版社，2015：698.
③ 参见最高人民法院（2015）民一终字第114号民事裁定书。
④ 《最高人民法院关于审判人员在诉讼活动中执行回避制度若干问题的规定》[法释（2011）12号]第3条。

做的判断结果。所以,尽管原诉讼与第三人撤销之诉在案件当事人范围、诉讼标的等方面并不相同,但在评价相关法律文书是否存在错误的问题上,第三人撤销之诉与二审、再审诉讼程序具有相同性质和功能。据此,基于第三人撤销之诉产生的案件属于前述司法解释规定中所称的"本案",第三人撤销之诉属于前述司法解释规定中所称的"该案其他审判程序"。本案一审合议庭成员之一,曾经参与了 20 号判决一案的审判工作。根据前述司法解释的规定,该审判人员应当回避。本案因违反法定程序应发回重审。

最高人民法院通过该案例实际上"确立"了一项审判规则,即:审理前诉的法官在旨在撤销前诉判决的第三人撤销之诉的案件中,应当回避。由此可见,对于原审审判人员是否可以参加第三人撤销之诉案件审理的问题,立法和司法解释回避必定造成实务的混乱,最高人民法院内部尚存在分歧,可想而知,下级法院在处理类似案件中定然难以决断。

(三)调解可否适用

有观点认为,第三人撤销之诉是形成之诉,不能审理原当事人之间的争议,故不宜调解。[①] 有学者认为,因为第三人撤销之诉具有"纠错"的性质,所以,对于撤销生效裁判的诉讼请求,因不能调解,但对于改变原生效裁判文书的诉讼请求,可以予以调解。[②] 有学者认为,尽管第三人在诉讼伊始只提出了撤销原生效裁判的诉讼请求,但在诉讼过程中,其就诉讼涉及的相关实体法律关系争议愿意在诉讼过程中一并通过调解的方式解决的,

---

[①] 张艳. 我国第三人撤销之诉制度在司法实践中出现的问题与完善对策——以法院已受理的案件为样本的分析[J]. 政治与法律,2014(6):154-163.

[②] 许可. 论第三人撤销诉讼制度[J]. 当代法学,2013(1):43.

法院应当允许。①这其实相当于原告在第三人撤销之诉中增加了诉讼请求，根据《民事诉讼法》第140条及《民诉法解释》第232条的规定，法院应当合并审理。如果第三人提出撤销原生效裁判的同时一并提出改变原生效裁判的诉讼请求，适用调解，自然无疑。简言之，第三人撤销之诉中适用调解仅限于两种情形：一是第三人一开始提出的便是"撤销+确认"的诉讼请求；二是第三人一开始只提出了"撤销"的诉讼请求，随后又增加了解决实体法律关系争议的诉讼请求。此外，若第三人撤销之诉以调解的方式结案，调解书与原生效裁判的关系也需要予以明确。

五、配套制度缺失

（一）案件受理费交纳标准

诉讼费作为诉讼制度的经济杠杆，具有调节、制裁、保障和补偿等功能。②案件受理费作为诉讼费用的重要组成部分，同样具备上述功能。案件受理费收取过高，则会使得保障功能受损，既不利于当事人的诉权的实现，又背离司法解决纠纷的目的；案件受理费收取过低，则会造成司法资源的浪费，增加当事人滥诉的概率。现行《诉讼费用交纳办法》由国务院制定，于2006年通过并于2007年4月1日起开始施行。该办法将案件受理费分为6大类，分别规定了不同的计算标准。

因为时间问题，第三人撤销之诉的案件受理费，《诉讼费用交纳办法》自然不会有相应的规定。司法实践中，有些法院是按照《诉讼费用交纳办

---

① 李潇潇.调解在第三人撤销之诉中的适用[J].烟台大学学报（哲学社会科学版），2015（2）：54-55.

② 缪蒂生.改进我国法院诉讼费制度的调研报告[M].北京：知识产权出版社，2017：6-10.

法》第 13 条第 1 款第 2 项的规定，收取 50～100 元不等的案件受理费，不论案件为何种纠纷；① 有些法院则是按照《诉讼费用交纳办法》第 13 条第 1 款第 1 项的规定，根据诉讼请求的金额或者价额收取案件受理费，② 有些案件因标的额较大，使得案件受理费也较高。此外，让人不解的是，有的法院收取的案件受理费为 200 元，③ 还有的法院因为违法适用简易程序审理第三人撤销之诉减半收取案件受理费。④

由此可见，法院对第三人撤销之诉的案件受理费的收取并无一致的做法，"收费乱象"既有损于当事人的合法权益，也会对司法的公信力产生不利的影响。所以，有必要对第三人撤销之诉的案件受理费作出具体的规定。

（二）诉讼告知

诉讼告知制度是罗马法中追究担保责任的思维和日耳曼法事实出发型诉讼制度的思维在现代合流的产物。⑤ 可以说，在罗马法和日耳曼法的各自思维相互融合的基础上形成了现代诉讼的告知制度。诉讼告知是指在诉

---

① 参见上海市浦东新区人民法院（2015）浦民一（民）撤初字第 2 号民事判决书中，法院判决案件受理费为 50 元；新疆维吾尔自治区沙湾县人民法院（2015）沙民一初字第 463 号民事判决书中，法院判决案件受理费为 70 元；浙江省慈溪市人民法院（2014）甬慈民初字第 1032 号民事判决书、湖北省宜城市人民法院（2018）鄂 0684 民初 1311 号民事判决书中，法院判决案件受理费为 100 元。
② 参见广东省深圳市中级人民法院（2015）深中法商撤终字第 2 号民事判决书、广东省高级人民法院（2017）粤民初 18 号民事判决书、最高人民法院（2017）最高法民终 216 号民事判决书，等等。
③ 参见湖南省岳阳市岳阳楼区人民法院（2017）湘 0602 民初 6100 号民事判决书。
④ 参见陕西省白河县人民法院（2018）陕 0929 民初 612 号民事判决书。
⑤ 在罗马法中，当某物的买主被该物的真正权利人之第三人提起诉讼时，买主可以对卖主进行诉讼告知并要求其参加诉讼，而且当买主败诉时，他还可以要求卖主返还双倍的货款。另一方面，日耳曼诉讼的裁判方式是将所有与事件相关联的人员都卷入诉讼，各自分别陈述事件中的自我利害关系，法院在听取各自陈述的基础上从中发现应有之法并对事件作出裁判，被称为"汝予吾事，吾赐汝法律"。

讼系属中，当事人透过法院提出记载有告知理由及诉讼程度的书面告知书，由法院送达给被告知人。① 诉讼告知可以让第三人参与到诉讼中来，从而尽快查清案件事实，也有利于纠纷的一次性解决。

在法国，第三人参加他诉的方式有任意参加和强制参加之别（《法国新民事诉讼法典》第 66 条）。任意参加又称为自愿参加，根据其提出的诉讼请求是为了本人还是为了支持一方当事人，又可以分为"主参加"（相当于有独立请求权第三人参加诉讼）和"从参加"（相当于无独立请求权第三人参加诉讼）。强制参加是指第三人受正在进行诉讼的一方当事人的召唤（采用书面的形式）参加到诉讼中来。在一审和二审中，强制参加制度都可以适用。不过，法院原则上不能强制第三人参加诉讼，法律有特殊规定的除外（《法国新民事诉讼法典》第 332 条第 2 款）。第三人参加诉讼的方式不同，但都能起到预防第三人嗣后提起撤销之诉的效果。②

德国法上的诉讼告知制度主要规定于民事诉讼法第 72—74 条。③ 所谓

---

① 任凡. 论家事诉讼案外第三人的程序保障［J］. 月旦民商法杂志，2018（60）：42.

② ［法］让·文森，塞尔日·金沙尔. 法国民事诉讼法要义（下）［M］. 罗结珍，译. 北京：中国法制出版社，2001：1024，1028.

③ 第 72 条：（一）当事人认为，如诉讼结果对自己不利，自己可以对第三人提出担保或赔偿请求，或者第三人可以向自己提出请求时，即可在诉讼的判决确定前，将诉讼告知该第三人。（二）法院和法院指定的鉴定人不可作为本条规定的第三人。第 73 条第 2 句的规定于此不适用。（三）第三人有权再作出诉讼告知。

第 73 条：欲作出诉讼告知的当事人，应提出载明诉讼告知的理由与诉讼程度的书状。书状应送达第三人，并应使用副本通知诉讼告知人的对方。诉讼告知在送达第三人时生效。

第 74 条：（一）第三人参加于诉讼告知人一方时，第三人对于当事人的关系，依照辅助参加的原则确定。（二）第三人拒绝参加或不作表示时，诉讼即不顾第三人而继续进行。（三）在本条各种情况下，对于第三人适用第 68 条的规定，但参加的时间改为因诉讼告知而可以参加的时间。德国民事诉讼法［M］. 丁启明，译. 厦门：厦门大学出版社，2016：14-15.

第四章 我国第三人撤销之诉的问题与完善

诉讼告知，系指诉讼当事人一方将他所实施的诉讼的未决状态形式上告知第三人，以使针对该第三人发生"参加效力"。[①]该当事人被称为诉讼告知人，第三人可以被称为诉讼告知受领人或被告知人。其主要目的在于通过诉讼告知使第三人参与诉讼，藉此引起诉讼参加之效力，[②]避免因对同一事实构成作出不同的判断而使诉讼告知人发生双重败诉的危险。[③]由此可见，德国民事诉讼法中并未设有一般性法院职权通知之规定，[④]且诉讼告知主要是为了维护诉讼告知人的利益。若受告知之第三人于告知后未参加诉讼，德国民诉法学界及实务界通常认为，在告知诉讼当事人（败诉时）与受告知人之间发生参加效，但在另一方当事人与受告知人之间不发生既判力与争点效。

日本法上的诉讼告知制度体现在《日本民事诉讼法》第53条[⑤]。可以

[①] ［德］奥特马·尧厄尼希. 民事诉讼法（第27版）[M]. 周翠，译. 北京：法律出版社，2003：432.

[②] ［德］罗森贝克，施瓦布，戈特瓦尔德. 德国民事诉讼法（上）[M]. 李大雪，译. 北京：中国法制出版社，2007：334；［德］汉斯—约阿希姆·穆泽拉克. 德国民事诉讼法基础教程[M]. 周翠，译. 北京：中国政法大学出版社，2005：217.

[③] 例如，A起诉B要求其支付基于地产买卖合同所生的款项。B抗辩合同无效并且陈述其理由：出具文书的公证人C违反了职业义务。此时，A可以通知C参加诉讼。若法院认为买卖合同无效，则会判决A败诉。如果不承认"参加效力"，随后，若A针对C提起损害赔偿之诉，法官可能会认为买卖合同有效并且否定C违反了职务义务，从而判决A败诉。

[④] 不过，有学者认为，可以从德国基本法第103条第1项（"任何人在法院面前享有法定听审请求权"）之规定种推导出法院职权通知的请求权。参见Rosenberg/Schwab/Gottwald, a.a.O., §51Rn.34；刘明生. 诉讼参加、诉讼告知与法院职权通知之确定判决效力[M]//第三人程序参与. 台北：新学林出版股份有限公司，2019：133.

[⑤] 第53条：（一）当事人可于诉讼系属中对能够参加诉讼的第三人为诉讼告知。（二）受诉讼告知的第三人也可再行诉讼告知。（三）为诉讼告知，应向受诉裁判所提出记载告知理由及诉讼程度的诉讼告知书。（四）受诉讼告知的第三人未参加诉讼时，视为于可参加时参加诉讼，适用第46条的规定。日本民事诉讼法典[M]. 曹云吉，译. 厦门：厦门大学出版社，2017：23.

申请辅助参加、独立当事人参加和共同诉讼参加的第三人均可以作为受告知人。与德国法一样，受告知人将受到参加效力的拘束。[①] 但稍有不同的是，日本法上的诉讼告知，既有维护受告知人利益的一面，同时也具有维护告知人利益的一面。换言之，诉讼告知制度，既可以向告知人提供转嫁败诉风险的机会，又可以保障利害关系案外人参与诉讼的机会。[②] 不过，诉讼告知并不生"被告知人当然成为告知人之辅助参加人"的效果，[③] 原因在于，被告知人可参加到告知人一方，也可参加到相对方当事人一方，亦可不参加任何一方。依照《日本民事诉讼法》第53条第4款的规定，即便被告知人未辅助参加到告知人一方，于其可参加之时视为已参加诉讼，受参加效的拘束。此外，与德国法相同，日本民事诉讼法上亦无法院依职权为诉讼告知的规定。

依照我国《民事诉讼法》第56条、《民诉法解释》第81条的规定，有独立请求权第三人是以提起诉讼的方式参加到他人之间的诉讼中，无独立请求权第三人参加诉讼的方式有两种，一是根据当事人的申请或者自己申请参加，二是由法院依职权通知参加。法律及司法解释的规定在实践中会产生以下问题。

1. 有独立请求权第三人是否参加诉讼，完全取决于自己的意愿，法院

[①] 需要注意的是，因为当事人对于可以申请独立当事人参加的第三人也可以进行诉讼告知，但独立当事人参加并不产生参加效力。所以，能够产生参加效力的范围要小于可以进行诉讼告知的范围。参见[日]高桥宏志. 重点讲义民事诉讼法[M]. 张卫平，许可，译. 北京：法律出版社，2007：318.

[②] 史明洲. 诉讼参加与诉讼告知——新堂时代日本理论的素描[M] // 第三人程序参与. 台北：新学林出版股份有限公司，2019：171-172.

[③] [日]伊藤真. 民事诉讼法（第4版补订版）[M]. 曹云吉，译. 北京：北京大学出版社，2019：456.

一般无权依职权通知其诉讼,当事人也无权申请其参加诉讼。[①] 实际上,若当事人串通进行恶意诉讼,他们更不愿意让有独立请求权第三人参加到自己的诉讼中。这样一来,有独立请求权第三人几乎不可能参加诉讼,嗣后提起第三人撤销之诉的概率必然会很大。

2. 有的原告会在起诉状中列明第三人(即无独立请求权第三人),按照《民诉法解释》第222条的规定,这视为原告申请追加第三人参诉。该第三人若不愿意参加诉讼,法院可以用传票传唤其出庭参加诉讼,若其经两次合法传唤无正当理由拒不出庭,法院可以缺席判决。[②] 但众所周知,缺席判决只适用于当事人,此时的无独立请求权第三人不具有当事人的权利和义务,对其适用缺席判决显然不具有合理性。

3. 虽然最高人民法院的释义书中载明:无独立请求权第三人知道诉讼存在但未申请参诉,人民法院未通知其参诉[③],当事人也未申请其参诉的,一般不能认定为其有明显的过错。[④] 但是,由于诉讼告知制度的缺失,司法实践中,法院对于第三人是否"知道诉讼"的判断并非总是整齐划一,而是出现了随意、混乱的局面,造成第三人利益的保护走向了两个极端:第三人撤销之诉被限制提起抑或第三人撤销之诉被肆意提起,[⑤] 导致第三

---

① 沈德咏. 最高人民法院民事诉讼法司法解释理解与适用(下)[M]. 北京:人民法院出版社,2015:791.

② 沈德咏. 最高人民法院民事诉讼法司法解释理解与适用(上)[M]. 北京:人民法院出版社,2015:287.

③ 从相关司法解释的规定上看,人民法院通知无独立请求权第三人参加诉讼在多数情况下并非"必须为",而是"可以为"。参见罗发兴. 第三人撤销之诉适用问题研究[D]. 重庆:西南政法大学,2016.

④ 沈德咏. 最高人民法院民事诉讼法司法解释理解与适用(下)[M]. 北京:人民法院出版社,2015:792.

⑤ 崔玲玲. 第三人撤销之诉的外部运行环境优化分析[J]. 法律科学(西北政法大学学报),2017(6):188-189.

人利益保障的事前阶段和事后阶段的脱节。

总之,我们有必要建构诉讼告知制度,在前诉中强化事前的程序保障,在程序保障上防患于未然,① 尽量减少第三人撤销之诉的使用频率。

(三)滥诉的罚则缺失

第三人撤销之诉本来是为了保护第三人的利益,但是在司法实践中,存在着"第三人"滥用诉权的现象。这在第三人撤销之诉实施后不久便有所体现。② 笔者在聚法案例网上检索后发现,就 2003—2018 年间的第三人撤销之诉案件,一审法院作出的 2584 份裁定书中,驳回起诉的有 774 份、撤回起诉的有 756 份、不予受理的有 151 份。③ 这既浪费了宝贵的司法资源,也背离了设置第三人撤销之诉的初衷,乃至侵害了当事人的利益。因此,有必要予以合理的规制。

除此之外,案由制度和案例指导制度等相关配套制度也需要予以完善。

第二节 我国第三人撤销之诉的完善

一、宏观思路

(一)准确定位第三人撤销之诉的立法目的

目的是一切法律的创造者。长期以来,"头痛医头,脚痛医脚"的对

---

① 王福华.第三人撤销之诉适用研究[J].清华法学,2013(4):52.
② 章宁旦.第三人撤销之诉缘何水土不服[N].法制日报,2013-12-16(8);林劲标,凌蔚,卢柱平.第三人撤销之诉猛增——纠错需要还是滥用诉权?[N].人民法院报,2013-12-23(6).
③ 聚法案例网.[EB/OL].[2019-03-05].https://www.jufaanli.com.

第四章 我国第三人撤销之诉的问题与完善

策法学模式一直在我国的法学研究和立法过程中占有重要地位,如果对立法目的理解和定位存在偏差,第三人撤销之诉难免会陷入对策法学模式的泥沼。

1. 现有学说述评

法律规定的目的往往不是直接从法律文字推导出的,除非有明确规定的目的条款或总领条款。[①]对于第三人撤销之诉而言,从《民事诉讼法》第56条第3款的规定本身并不能直接推导出立法目的。尽管如此,学术界和实务界倾向于从立法资料及较权威的释义书的相关阐述中总结出立法者设置第三人撤销之诉的两项目的,即遏制恶意诉讼和为利益受损的第三人提供救济。当然,学者们也对这两项是否(全部)属于第三人撤销之诉的目的展开过讨论,形成了诸多观点。概而言之,可以将其概括为"一元论""二元论"和"多元论"。

"一元论"即认为第三人撤销之诉的目的应该是单一的。如唐力教授认为第三人撤销之诉的目的在于为第三人提供充分的程序保障。[②]刘学在教授认为该制度设立的目的在于强化对未参加原诉而权益却受裁判影响的第三人的保护。[③]吴泽勇教授和从"客观目的论"的角度出发,主张将第三人撤销之诉的目的界定为为受生效裁判不利影响的第三人提供实体救

---

① [奥]恩斯特·A.克莱默.法学方法论[M].周万里,译.北京:法律出版社,2019:120.

② 唐力,谷佳杰.论第三人撤销之诉制度的系统定位[M]//民事程序法研究(第11辑).厦门:厦门大学出版社,2014:65,68.

③ 刘学在.第三人撤销之诉的几点思考[M]//民事程序法研究(第11辑).厦门:厦门大学出版社,2014:65,68.

济，①刘东博士结合"客观目的论"以及民事诉讼的目的，认为保护第三人的实体权利是第三人撤销之诉的制度目的。②

持"二元论"的学者认为，第三人撤销之诉的目的有两项。如张卫平教授从追求实质正义和程序正义两个维度出发，认为第三人撤销之诉的目的在于维护案外第三人的民事权益和维护第三人的程序权利（即程序保障）。③王福华教授则主张，该制度的目的有直接目的和间接目的之别，直接目的是遏制恶意诉讼，间接目的是为第三人提供事后程序保障。④徐一楠博士将防止诉讼欺诈和程序保障作为第三人撤销之诉的目的，并认为前者系立法的初始目的，后者为主要目的。⑤

主张"多元论"的学者强调，设置第三人撤销之诉可以实现民事诉讼不同目的之间的平衡。较早提出"多元论"的是张妮博士，她在阐述了民诉诉讼目的的不同学说后认为，第三人撤销之诉的设置实现了诸多目的的平衡，即程序保障、纠纷一次性解决和利益保障（包括程序利益和实体利

---

① 吴泽勇.第三人撤销之诉的原告适格［J］.法学研究，2014（3）：159.张卫平.民事诉讼法研讨（一）［M］.厦门：厦门大学出版社，2016：96.

② "私权保护说"是民事诉讼的目的学说之一，该学说认为民事诉讼的目的在于保护当事人的实体权利，该学说从制度运用者的角度对民事诉讼的目的加以界定，作为专门为第三人设计的一项制度，第三人撤销之诉的制度目的也将当被认为为保护民事实体权利。参见刘东.第三人撤销之诉的程序构建：现状、不足及完善［J］.法治研究，2018（1）：153.

③ 张卫平.中国第三人撤销之诉的制度构成与适用［J］.中外法学，2013（1）：171.

④ 王福华.第三人撤销之诉适用研究［J］.清华法学，2013（4）：46。最高人民法院的裁判文书中也有类似表述，参见最高人民法院（2016）最高法民申 1045 号民事裁定书。不过，王福华教授后来修正了其观点，他认为将程序保障作为第三人撤销之诉的制度目的，会产生逻辑自洽性不足的疑问，因为再审程序也可以以此为基础。第三人撤销之诉的立法目的应该是确保判决客观正确且合乎法律正义，换言之，该制度的根本目的是对民事权利的保护。参见王福华.第三人撤销之诉的制度逻辑［J］.环球法律评论，2014（4）：92。

⑤ 徐一楠.第三人撤销诉讼制度研究［M］.北京：人民法院出版社，2018：16-20.

益）。① 许可博士认为我国大陆地区设置第三人撤销之诉更强调的是其对生效裁判的纠错功能，建议将该制度的目的定位为纠正错误裁判，兼顾程序保障及一次性解决纠纷。② 张兴美博士认为该制度肩负着兼顾和平衡纠纷一次性统一解决、救济案外第三人受损之实体权益、补救案外第三人受损之程序权益等多元目的"使命"。其中，保障案外第三人的实体权益是制度的外在使命，为权益受损的案外第三人提供程序保障是制度的内在使命，也是主线。③

"一元论"之间的争议在于是将制度的立法目的定位为程序保障还是实体权利保护。"二元论"都将"程序保障"作为立法目的之一，但对于是将"遏制恶意诉讼"还是"保障第三人实体权益"作为另一立法目的存在不同看法。主张"多元论"的学者，其表述虽然略有不同，但实质上并无太大差异，即将立法目的定位为"程序保障""实体权益保护"④ 及"纠纷一次性解决"。

2. 本书观点

其一，遏制虚假诉讼不能作为第三人撤销之诉的立法目的。如前一节所述，对于虚假诉讼存在着证明难、认定少的困境。司法实践中，第三人提起撤销之诉获得胜诉判决并不以虚假诉讼为必要的前提。而且，受前诉判决影响的第三人之所以难以获得救济，很多时候是实体法不完善的结

---

① 张妮. 第三人撤销之诉研究[D]. 西南政法大学，2012.
② 许可. 论第三人撤销诉讼制度[J]. 当代法学，2013（1）：39.
③ 张兴美. 第三人撤销之诉制度的"使命"探究[J]. 法制与社会发展，2018（4）：140-145.
④ 因为纠正错误生效裁判的最终目的是为了保护第三人的民事权益免受侵害，故笔者将许可博士的"纠正错误裁判"的目的等同于保护第三人实体权益的目的，特此说明。

果,^①单靠第三人撤销之诉,难以解决虚假诉讼多发的实践难题。

其二,纠纷一次性解决也不能作为第三人撤销之诉的立法目的。持此观点的学者认为第三人撤销之诉可以将第三人的纠纷和当事人之间的纠纷一次性解决,符合诉讼效益原则。但是其忽略了,第三人撤销之诉作为独立的诉,不是通过诉讼合并的方式形成的诉讼,如何谈得上纠纷的一次性解决?从处理结果上看,撤销了生效裁判并不意味着新的实体权利义务的重新分配,第三人及原诉的当事人有时还需要对争议的法律关系另行提起诉讼加以解决。所以,将纠纷一次性解决作为第三人撤销之诉的目的逻辑上难以自洽。

综上所述,笔者赞同张卫平教授的观点,认为应当将第三人撤销之诉的立法目的定位为程序保障[②]和保护第三人民事权益,后者为主要目的。

(二)建构独立型的立法体例

2007年《民事诉讼法》修正之前,江伟教授曾主持起草了《民事诉讼法典专家修改建议稿》,该建议稿第303条规定了"第三人提起撤销之诉",作为再审程序的最后一条。[③]2011年,在《民事诉讼法》再次修改之际,以张卫平教授为首的课题组草拟了《〈中华人民共和国民事诉讼法〉修改建议稿》,该建议稿从当事人适格、管辖法院、起诉期间、判决效力等方面对第三人撤销之诉作出了较为详细的规定,将其作为单独一章(第16章)列在再审程序(第15章)之后。不过,我国现行《民事诉讼法》既没有

---

① 史明洲.论虚假诉讼案外第三人的救济——解读第三人撤销之诉的日本法视角[M]//民事程序法研究(第14辑).厦门:厦门大学出版社,2015:87.

② 有论者认为,第三人撤销之诉的贡献之一是促进程序保障观念的养成。参见王福华.第三人撤销之诉的制度逻辑[J].环球法律评论,2014(4):103。

③ 江伟.民事诉讼法典专家修改建议稿及立法理由[M].北京:法律出版社,2008:318.

参照法国的立法体例，也没有参照上述立法建议，而是将第三人撤销之诉规定在"总则"第五章"诉讼参加人"的第一节"当事人"之中，且仅仅做了原则性规定，更加具体的规定则在司法解释中予以明确。不过，这种做法饱受质疑，在第三人撤销之诉入法后，仍有学者坚持应将其规定在再审程序中。[①]

从性质上看，第三人撤销之诉作为一种特殊的救济程序，根据司法解释的相关规定，它应当适用第一审普通程序。既然是按照一审程序审理，就会有一审案件常有的立案、审理前准备、审理、裁判、上诉等流程，这与再审程序有很大的不同。浅见认为，第三人撤销之诉制度最终还是应该从诉讼参加制度中分离出来，但不应当直接规定在再审程序中，而应该单列出来，规定在再审程序之后。

二、具体构想

（一）解释论上扩张原告适格的范围

在展开论述之前，有必要先进行下列说明。

其一，之所以采用解释论，是因为《民事诉讼法》第56条已经对第三人及第三人撤销之诉作出了原则性的规定，且短期内不会修改，所以在原告范围这个问题上，进行立法论的讨论意义不大。

其二，解释论包含了文义解释、伦理解释和扩张解释。具言之，是以文义解释为基础，辅之以体系解释和目的解释，对《民事诉讼法》第56条规定的"第三人"进行扩张解释。文义解释是根据制定法的字面含义进

---

① 胡亚球，李夏.第三人撤销之诉的法理认知、制度功能与程序构造[J].扬州大学学报（人文社会科学版），2015（2）：38.

行的一种具体化的解释；体系解释是指以法律体系中的地位或相关法条的法意，阐明法条含义的解释方法；目的解释是通过探求法律文本的目的以及特定法律条文等的立法目的，来阐释法律的含义。① 成文法的文字及其蕴含的"文义"是任何解释的"起点"，② 所以对"第三人"的理解要先建立在法律条文的基础之上，而后再根据体系解释和目的解释进行扩大化的解释。有学者认为，认定我国第三人撤销之诉原告适格应采用"逆推逻辑"，③ 但该做法其实容易造成为追求扩大第三人撤销之诉的原告范围而忽视《民事诉讼法》第56条文义的结果。有些情况下需要结合主体条件以外的其他条件综合判断原告是否适格，此时体系解释对规范意旨的理解至关重要。目的解释则可以突破对"第三人"进行僵化的文义解释的局限性，通过探寻立法目的和立法意旨，形成相对统一的标准理解现行规范，从而实现"同案同判"。

其三，在进行解释论作业的过程中，往往需要借助"类型化思维"④。通过对具体案例的分析塑造类型，在规范意义上的"第三人"与"生活化"

---

① 王利明. 法律解释学导论——以民法为视角（第2版）[M]. 北京：法律出版社，2017：234，280，355。

② [奥]恩斯特·A. 克莱默. 法学方法论[M]. 周万里，译. 北京：法律出版社，2019：26。

③ 张兴美博士认为，在认定第三人撤销之诉主体要件上的应然逻辑是由《民事诉讼法》第56条前2款规定的第三人来确定第三人撤销之诉的适格原告，实然逻辑应该是假定提起第三人撤销之诉的原告的主张成立，看其是否可能成为《民事诉讼法》第56条前2款规定的第三人。参见张兴美. 第三人撤销之诉原告适格问题研究[J]. 法学杂志，2016（6）：137。

④ 相对于概念式的思维的抽象性、封闭性和断裂性，类型化思维具有具体化、开放化和结构化等特点。类型化研究以事物之间的共同性为原点，并进而将其触角探向事物之间的殊异性，其目的是建构理想的类型形态。在民事程序法领域中引入"类型化"研究，有利于促进民事诉讼法对程序运作事实和现实问题的关注，避免"教义主义"的倾向。参见张旭东. 民事诉讼程序类型化研究[M]. 厦门：厦门大学出版社，2012：36-54。

的"第三人"之间架起沟通的桥梁,从而"让不确定概念和一般条款变得更加清晰具体,从而更加能阐明法律条文自身的含义"①,最终为司法裁判提供适宜的判断标准。

1.有独立请求权第三人

若严格依照文义解释,有独立请求权第三人不能成为第三人撤销之诉的原告。这是因为有独立请求权第三人并非参加到他人的诉讼中,而是以自己的名义提起独立的新诉,没有满足"因不能归责于本人的事由未参加诉讼"这一条件的可能。但是,在司法实践中,出于一次性解决纠纷、避免出现矛盾裁判的考量,有独立请求权第三人提起的诉讼通常要与原诉合并审理,②这可以认为其参加了原诉,若其满足其他相关条件,则有可能成为第三人撤销之诉的原告。

有学者通过类型化分析后总结出,"有独立请求权第三人"的"请求权"包括:物权请求权、债权请求权和形成权。③即有独立请求权第三人必须对系争诉讼标的享有救济性请求权或者救济性形成权。其中,可以提起第三人撤销之诉的主要包括主张享有所有权的第三人(物的返还请求权、

---

① 张斌峰,陈西茜.试论类型化思维及其法律适用价值[J].政法论丛,2017(3):124.

② 原则上如果有独立请求权第三人没有参加第一审程序的,不能参加二审程序,也自然不享有上诉权,但《民诉法解释》第81条规定,未参加一审程序的诉讼第三人,申请参加二审程序的,法院可以准许。

③ 刘东."有独立请求权"的类型化分析——以民事诉讼法第56条第1款为中心的研究[J].政法论坛,2016(1):32-43.享有所有权的第三人、主张享有抵押权的第三人(抵押权与优先受偿权之间的对抗)作为有独立请求权第三人提起第三人撤销之诉的分析,还可分别参见王亚新.第三人撤销之诉原告适格的再考察[J].法学研究,2014(6):134-135;李斯凡.第三人撤销之诉原告资格研究——以53份最高法院裁判文书为样本[J].人民司法(应用),2018(34):84-90.

所有权的妨害去除)、主张享有用益物权(农村土地承包经营权、建设用地使用权、宅基地所有权等)的第三人、主张享有抵押权的第三人(抵押权顺位相同的抵押权人、抵押财产被转让未被告知的抵押权人)、享有优先受偿权的第三人以及主张享有债权请求权的第三人("一物二卖""一房数租"中的债权人)。①

有观点认为,对于确认物权的确认判决也可以提起第三人撤销之诉。②对此,笔者并不赞同。因为确认物权的确认判决系基于物权确认请求权,按照民法理论,该请求权并不是实体性权利而是程序上的权利,所以不能归为物权请求权的范畴。③此外,如上文所述,在司法实践中,法院对于第三人基于物权确认请求权而提出的诉讼请求,一般并不会直接裁判,而是告知其另行诉讼。

2. 无独立请求权第三人

按照民诉学界通说,无独立请求权第三人理论上可以分为被告型无独立请求权第三人。多数学者认为,被告型无独立请求权第三人因为享有当事人的诉讼权利,可以再审维护自己的合法权益,故其不具有提起撤销之诉的资格。④这样一来,可能提起第三人撤销之诉的只剩下辅助型无独立请求权第三人。反对意见认为,被告型第三人并不会被列为原生效裁判的

---

① 刘东. 回归法律文本:第三人撤销之诉原告适格再解释[J]. 中外法学,2017(5):1305.
② 吴泽勇. 第三人撤销之诉的原告适格[J]. 法学研究,2014(3):162.
③ 崔建远. 物权法(第4版)[M]. 北京:中国人民大学出版社,2017:123-124.
④ 吴泽勇. 第三人撤销之诉的原告适格[J]. 法学研究,2014(3):162;张兴美. 第三人撤销之诉原告适格问题研究[J]. 法学杂志,2016(6):136;刘东. 回归法律文本:第三人撤销之诉原告适格再解释[J]. 中外法学,2017(5):1309.

当事人,[①]不是一般案外人申请再审的适格申请人,只能作为第三人撤销之诉的原告维护自己的合法权益。所以,两类无独立请求权第三人均可以作为撤销之诉的原告。

笔者认为,应该采用比较宽松的标准,认为原则上案件的处理结果影响到第三人利益的,都将可以作为无独立请求权第三人提起撤销之诉。这既与最高人民法院对《民诉法解释》的释义相符合,[②]也有相关司法实践予以佐证(【案例4-2】)。这里的"第三人利益"不仅指实体利益,还包括程序利益。所以,可以提起撤销之诉的无独立请求权第三人还包括"程序保障型"无独立请求权第三人,[③]多出现于转包或转租的案例中。[④]

【案例4-2】[⑤]甲与乙系夫妻,2012年双方协议离婚,约定妻子乙名下的房产归甲所有,所有债权债务均由乙偿还。夫妻关系存续期间,乙曾向丙借款5万元,并以房产做抵押。因乙一直未还款,2014年丙向人民法院提起诉讼,请求乙偿还借款本息,并获得胜诉判决。2015年,甲以离婚后财产纠纷起诉乙,法院判决乙名下的房产归甲所有。丙在申请执行的过程中,得知甲乙之间的判决,故提起第三人撤销之诉。法院认为,丙虽然没有独立请求权,但案件处理结果与其有法律上的利害关系,原诉法院将乙享有部分所有权的房屋判归甲所有,使得丙的债权实现不能,损害了丙的民事权益。

---

① 任重.回归法的立场:第三人之诉的体系思考[J].中外法学,2016(1):150。被告型无独立请求权第三人即便未参加诉讼,也会受到前诉生效裁判的约束,因为也丧失了另行诉讼的资格。

② 沈德咏.最高人民法院民事诉讼法司法解释理解与适用[M].北京:人民法院出版社,2015:777.

③ 刘东.回归法律文本:第三人撤销之诉原告适格再解释[J].中外法学,2017:1316.

④ 参见广州市中级人民法院(2014)穗中法民二终字第95号判决书、广西壮族自治区贵港市覃塘区人民法院(2013)覃民初字第1154号判决书。

⑤ 参见陕西省西安市中级人民法院(2018)陕01民终10643号民事判决书。

3. 诈害诉讼的受害人

根据法国的民事诉讼理论，某个人为保全其可能受他人诉讼结果影响的权利，可以参加并非由其提起或者并非直接针对其提起的诉讼。受法国的影响，《日本民事诉讼法》第47条第1款前半段规定，主张诉讼结果可能侵害其权利的第三人可以将该诉讼的当事人双方或一方作为相对方，作为当事人参加诉讼。这被称为诈害防止参加。不过，具体什么样的情形符合诈害诉讼参加，日本学界有"判决效说"和"诈害意思说"两种观点，后者为有力说。"诈害意思说"即当事人有串通起来通过诉讼来侵害参加人意思的情形。该说认为，若诉讼中的诉讼标的或作为诉讼标的前提之法律或事实上争点为第三人法律地位的理论前提，判决主文或理由中的判断对第三人的法律上的地位产生法律上或事实上的影响，[①] 第三人即可以通过诈害防止参加来对与对方串通的当事人的诉讼活动予以牵制。至于个案中诈害意思之确定，需要根据当事人的诉讼行为综合确定，如有无主张或举证的懈怠、期日缺席、无合理理由的自认、请求的放弃或认诺等表现。我国并无诈害防止参加这一制度，[②] 但在我国的司法实践中，却存在不少受诈害诉讼影响的第三人，这些"受害人"已经无法通过参加诉讼来实现维护自己权益的目的，能否提起第三人撤销之诉呢？如果可以，以什么样的身份提起？

---

① ［日］伊藤真.民事诉讼法（第4版补订版）[M].曹云吉，译.北京：北京大学出版社，2019：459。还可参见［日］新堂幸司.新民事诉讼法［M］.林剑锋，译.北京：法律出版社，2008：579。

② 有学者曾主张我国也应建立这一制度，参见姜群，相蒙.建立案外人诈害防止参加之诉制度分析［J］.辽宁大学学报（哲学社会科学版），2007（1）：149-153。不过作者所主张的案外人诈害防止参加之诉是广义上的，涵盖了主参加诉讼及第三人撤销之诉。

以一般债权人为例，有学者认为，可以通过对《民事诉讼法》第56条进行目的性扩张解释，赋予诈害诉讼的受害人提出第三人撤销之诉的资格，不过需被害人提供证明前诉当事人制造虚假诉讼的证据。若可以提供，则将其视为前诉的有独立请求权第三人。反之，则无法获得主体资格，或者至多被法院视为无独立请求权第三人。[①] 反对者则认为，若依前者观点将会超越《民事诉讼法》第56条前两款文义解释的边界，较为稳健的做法是从实体法上解决一般债权人提起第三人撤销之诉的原告资格问题，[②] 质言之，以民法的明文规定为准，有规定则可提起，无规定则不能提起。

本书认为，债权有一般债权和特殊债权之分，特殊债权如有法律明确规定需要给予特殊保护，[③] 案外第三人自然可以提起撤销之诉。（如案例4-4）对于享有一般债权的案外第三人，原则上不能提起第三人撤销之诉，[④]（如案例4-3）但如果债权人有证据证明裁判文书主文确定的债权内容部分或者全部虚假的，可以提起第三人撤销之诉。[⑤] 尽管这其实已经对法条所规定的主体范围作出扩大解释，却也符合第三人撤销之诉的设立目的。至于如何证明"虚假"，除根据案件事实及相关证据材料外，还可以参考上述

[①] 刘君博. 第三人撤销之诉原告适格问题研究：现行规范真的无法适用吗？[J]. 中外法学, 2014（1）：268；王亚新. 第三人撤销之诉原告适格的再考察[J]. 法学研究, 2014（6）：140-141.

[②] 吴泽勇. 第三人撤销之诉的原告适格[J]. 法学研究, 2014（3）：165.

[③] 主要是指法律规定的享有法定优先权的债权（如《合同法》第286条、《海商法》第21条、第22条等）及享有法定撤销权的债权（如《合同法》第75条、《企业破产法》第31条、第32条等）。

[④] 袁琳. 主体要件视角下的案外人申请再审制度与第三人撤销之诉制度研究[J]. 西部法学评论, 2016（1）：10. 还可参见最高人民法院（2017）最高法民终319号民事裁定书。

[⑤] 《意大利民事诉讼法典》第404条也有类似的规定：判决出于恶意或串通给第三人利益造成损失时，继承人（包括潜在的继承人）或债权人可以对判决提出异议. 意大利民事诉讼法典[M]. 白纶, 李一娴, 译. 北京：中国政法大学出版社, 2015：152。

日本司法实践的做法，结合原诉当事人的具体诉讼行为来确定有无诈害意思。

【案例 4-3】①陈某某将本人所持 B 公司的股权按照不同的比例先后转让给 A 公司和张某某，并办理了股权转让变更登记手续。后因 A 公司及张某某未按照约定支付转让款，陈某某将 A 公司、张某某及其丈夫沈某某诉至法院。在审理过程中，原被告双方达成互不欠款的调解协议，并由法院作出调解书确认。胡某甲、胡某乙、周某某、蒋某某、周某某（以下简称"胡某甲等五人"）作为陈某某的债权人，认为上述调解书损害了其合法权益，向浙江省高级人民法院提起第三人撤销之诉。经审判委员会讨论后，法院判决撤销上述调解书。二审法院最高人民法院认为，胡某甲等五人是与陈某某存在民间借贷关系的普通债权人，并非原案的第三人不具备法律规定的提起第三人撤销之诉的主体资格，其起诉不符合第三人撤销之诉的受理条件。故裁定撤销浙江省高级人民法院的一审判决，驳回胡某甲等五人的起诉。

【案例 4-4】②2003 年，甲因借贷纠纷起诉 B 房地产开发有限公司（简称"B 公司"），同年 6 月双方自愿达成调解协议，法院作出民事调解书。2015 年 4 月，甲与乙签订《债权转让协议书》，约定将民事调解书项下之全部债权转让给乙，并由公证处出具公证书。2015 年 12 月，法院裁定受

---

① 最高人民法院（2017）最高法民终 319 号民事裁定书。还可参见最高人民法院办公厅. 中华人民共和国最高人民法院公报［J］. 2019（11）. 因案情较为复杂，在编入本书中进行了简化处理，但并不影响分析结论。

② 永安市燕诚房地产开发有限公司与郑某某、远东（厦门）房地产发展有限公司及第三人高某某第三人撤销之诉案，最高人民法院（2017）最高法民终 885 号民事裁定书。需要特别指出的是，该案于 2018 年 1 月 19 日上午 9 点在最高人民法院第三巡回法庭第四法庭公开开庭审理，并通过中国庭审公开网、最高人民法院官方微博、最高人民法院官方微信、新浪司法进行庭审直播。

理 B 公司的破产清算申请。2016 年 3 月，B 公司的破产管理人向 B 公司的债权人 A 房地产开发有限公司（简称"A 公司"）发出《告知函》及相关债权申报材料。认为甲和 B 公司之间的借贷纠纷系恶意串通转移资产的虚假诉讼，影响破产债权人利益，故 2016 年 6 月，A 公司以甲和 B 公司为共同被告、以乙为第三人向法院提起第三人撤销之诉，请求撤销甲与 B 公司之间的民事调解书。一审法院福建省高级人民法院认为，A 公司对上述借贷纠纷一案所涉债权债务没有独立的请求权，亦不存在法律上的利害关系，故不是借贷纠纷案的第三人，不具备提起第三人撤销之诉的主体资格。A 公司不服，向最高人民法院上诉，最高人民法院认为，A 公司作为 B 公司的债权人，对于原案的处理结果有法律上的利害关系，特别是在 B 公司为人民法院宣告破产、其财产已经不足以清偿全部债务的情况下，A 公司的债权必然会因为甲的债权的有无以及数额的大小而受到直接影响。A 公司依据《合同法》第 74 条的规定享有撤销权，具备提起本案第三人撤销之诉的主体资格。遂作出裁定：撤销福建省高级人民法院驳回起诉的民事裁定，指令其审理本案。

通过对上述两则案例的比较、分析，可以总结出：作为普通债权人的第三人一般不具有基于债权提起第三人撤销之诉的事由，但是如果债务人的相关财产处分行为符合《合同法》第 74 条所规定的撤销权条件，则可以认定依法享有撤销权的债权人与该生效裁判案件处理结果具有法律上的利害关系，从而具备以无独立请求权第三人身份提起第三人撤销之诉的原告主体资格。

（二）细化起诉期间的规定

第三人撤销之诉应当有一个合理的行使期间，超过此期间，即不能再行提起。笔者认为,《民法总则》第 188 条第 2 款规定的 20 年最长诉讼时效可兹参考。理由在于,尽管诉讼时效和除斥期间之间的客体并不相同,前者为请求权,后者为形成权,但一方面,从除斥期间制度的本源上看,除斥期间的客体并不限于请求权①;另一方面,一如前述,"有独立请求权第三人"的"请求权"不仅包括形成权,还包括物权请求权、债权请求权。

对于 2012 年《民事诉讼法》施行前已经生效的裁判文书:第一,如果第三人是在 2012 年《民事诉讼法》施行以前就知道或应当知道生效的裁判文书损害了其合法权益,那么,第三人撤销之诉应当从 2013 年 1 月 1 日起的 6 个月内提出。法院的判决也支持了这一观点。② 第二,如果裁判文书在 2012 年《民事诉讼法》施行前已经生效,但是第三人在新法施行后才知道裁判文书的内容,这种情形仍适用《民事诉讼法》第 56 条第 3 款的规定,起诉期间自当事人知道或应当知道其权益受损之日起计算。

(三)允许原审法官审理第三人撤销之诉

第三人撤销之诉虽然有"纠错"的性质,而且是为了撤销原来的裁判、调解书,但是并不能以此就想当然认为原审审判人员会有失公允而拒绝其参加第三人撤销之诉的审理。这是因为:首先,第三人撤销是第三人基于新的事实和理由提出的一个新诉,这与再审的"纠错"有很大不同,立法之所以规定让作出生效裁判、调解书的法院审理就是出于便于查明案件事实、及时裁判的考量。而让原审审判人员参与审理,无疑会加快案件审理进程,提高诉讼效率。其次,虽然原审裁判、调解书有被撤销的风险,但

---

① 耿林.论除斥期间[J].中外法学,2016(3):613-645.
② 参见广东省高级人民法院(2013)粤高法立终字第 534 号民事裁定书、北京市高级人民法院(2014)高民终字第 483 号民事判决书、最高人民法院(2015)民申字第 1829 号民事裁定书、最高人民法院(2017)最高法民申 4545 号民事裁定书,等等。

是即便被撤销了,也不意味着原审案件就是错案。原审审判人员之所以作出那样的裁判,有可能是第三人因为自己的原因没有及时参与到诉讼中来,也有可能是原审当事人之间恶意串通虚假诉讼造成的。最后,基于比较法的考察,法国、我国台湾地区也没有规定法官必须回避类似案件的审理,法国法甚至还规定裁判可由同一法官为之。

(四)诉讼调解之适用

调解作为我国民事诉讼法的基本原则和制度之一,贯穿民事诉讼的始终。法院在一审程序、二审程序均可以适用调解,《民事再审解释》第36条规定,再审案件也可以进行调解并制作调解书,调解书经当事人签收后即发生法律效力,原判决、裁定视为被撤销。对于第三人撤销之诉而言,虽然《民事诉讼法》及《民诉法解释》均没有明确是否可以适用诉讼调解。但笔者认为,可以适用。理由在于:一方面,《民诉法解释》第143条规定非讼案件及婚姻等身份关系确认案件等不能进行调解,这恰恰与《民诉法解释》第297条法院不予受理的第三人撤销之诉案件类型有重合的地方,且后者的范围更广。简言之,司法解释规定的禁止调解的案件属于无法提起第三人撤销之诉的案件类型的一部分。另一方面,第三人撤销之诉是一个新诉加一个再审之诉,[①]实际上包含两方面的请求,一是撤销对其不利的裁判文书,二是请求法院对其与原诉当事人之间的法律关系作出判定。这些请求的最终目的均是为了保护自己的民事实体权益。司法实践中,第三人除了提出撤销原生效裁判的诉讼请求之外,往往还会提出改判的诉讼请求。通过诉讼调解的形式可以彻底解决当事人之间的争议,且能够节约

---

① 姚红. 民事诉讼法修改的主要内容和立法考虑 [EB/OL]. [2018-12-28]. http://www.aisixiang.com/data/71443-2.html.

诉讼成本。调解书经双方签收后生效,原判决、裁定中与第三人撤销之诉的调解书中不一致的部分或全部内容视为被撤销。①

当然,调解不是没有限制的,如果证明原诉当事人之间存在虚假诉讼的情形,则不能适用调解,因为虚假诉讼是虚构的事实和法律关系,生效裁判经撤销后,大家的权利义务只是恢复到虚假诉讼前的状态,所以就没有通过调解解决纠纷的可能性。②

三、配套制度

"社会在任何时候都不可能只依赖某一个制度,而需要的是一套相互制约和补充的制度。"③第三人撤销之诉同样需要相关的配套制度予以保障和支撑。

(一)明确案件受理费用

本书认为,如果第三人提起撤销之诉仅仅是为了撤销原生效裁判,则法

---

① 还有另外两种不同的观点:一种观点认为,应该在调解书的主文中增加一项,载明"撤销原裁判"。参见张艳.我国第三人撤销之诉制度在司法实践中出现的问题与完善对策——以法院已受理的案件为样本的分析[J].政治与法律,2014(6):154-163。但笔者认为,调解书系基于当事人之间的调解协议,调解书中直接载明撤销原裁判,有通过当事人之间的私意改变公权力机关作出的公文书的疑问。还有一种观点认为,若第三人撤销之诉通过诉讼调解的方式结案,需要同时作出两份不同的法律文书:判决书和调解书,前者用于撤销原生效的裁判文书,后者用于对当事人达成的调解协议予以确认。参见李潇潇.调解在第三人撤销之诉中的适用[J].烟台大学学报(哲学社会科学版),2015(2):47-61。管见以为,在同一个诉讼程序中,制作两份具有既判力的文书,其合理性有待商榷。

② 反对意见认为,第三人撤销之诉的调解不受原裁判文书是否为虚假诉讼的影响,但是当事人之间达成调解协议不影响法院对虚假诉讼当事人的处罚。参见罗发兴.第三人撤销之诉适用问题研究[D].重庆:西南政法大学,2016。

③ 苏力.制度是怎样形成的[M].北京:北京大学出版社,2007:55.

院可以根据《诉讼费用交纳办法》第 13 条第 1 款第 2 项的规定，按照非财产案件的缴费标准，收取 50～100 元的诉讼费用。如果原告在申请撤销原生效裁判的同时，还提出了关涉财产的诉讼请求，根据《民诉法解释》第 201 条①的规定，原告需要根据《诉讼费用交纳办法》第 13 条第 1 款第 1 项的规定，按照诉讼请求的金额或者价额缴纳诉讼费用。当然，如果是以调解的方式结案的，则可以依照《诉讼费用交纳办法》第 15 条，减半收取诉讼费用。

（二）建立诉讼告知制度

建立诉讼告知制度，使第三人可以通过事前程序维护自己的民事权益，可以减少第三人撤销之诉及再审程序等事后程序的适用，满足诉讼经济和裁判安定性要求。②

不管是当事人诉讼告知和法院依职权通知，均需要在案件受理后、法庭辩论终结前，以书面的形式将诉讼的进展情况告知第三人，第三人可以自主决定是否参加诉讼。

接下来需要讨论的是，当事人诉讼告知是当事人的权利还是义务？第三人经当事人诉讼告知后，当事人之间的判决将对其产生何种效力？对于前一个问题，多数学者认为，当事人诉讼告知乃当事人的权利而非义务。③有学者则认为，鉴于我国虚假诉讼侵害案外第三人利益的案件频发，宜将法院和当事人对第三人进行诉讼通知确定为"义务"。④对于问题二，有

---

① 《民诉法解释》第 201 条：既有财产性诉讼请求，又有非财产性诉讼请求的，按照财产性诉讼请求的标准交纳诉讼费。（第 1 款）有多个财产性诉讼请求的，合并计算交纳诉讼费；诉讼请求中有多个非财产性诉讼请求的，按一件交纳诉讼费。（第 2 款）

② 张卫平. 中国第三人撤销之诉的制度构成与适用 [J]. 中外法学，2013（1）：184.

③ 傅贤国. 我国案外第三人异议诉讼制度研究 [D]. 武汉：武汉大学，2016；崔玲玲. 第三人撤销之诉的外部运行环境优化分析 [J]. 法律科学（西北政法大学学报），2017（6）：192.

④ 杨卫国. 案外第三人撤销之诉研究 [M]. 北京：中国法制出版社，2015：258.

的主张将产生参加效,①有个别学者则强调,无论第三人是否参与诉讼,均受到判决既判力的拘束。②不过,他们均认为,第三人受诉讼告知后未参诉的,那么事后就不能再提起第三人撤销之诉。

本书认为,当事人诉讼告知是当事人的诉讼权利,而非义务,如果当事人未将诉讼的进展情况告知第三人,第三人可以通过提起第三人撤销之诉的方式进行救济。如果第三人经诉讼告知而未参加诉讼,当事人之间的生效裁判将对其产生参加效③,嗣后不能再通过第三人撤销之诉予以救济。

(三)完善案由制度

民事案件案由是民事案件名称的重要组成部分,反映案件所涉及的民事法律关系的性质,是将诉讼争议所包含的法律关系进行的概括。④可以说,在我国的民事司法实践中,案由在审判过程中使用广泛而重要,具有法院管理和诉讼标的两项功能。⑤《民事案件案由规定》的制定时间较早,因此未将第三人撤销之诉作为法定案由予以规定。实践中有的法院以"第三人撤销之诉(诉讼)"作为案由,有的将第三人撤销之诉置于"物权纠纷"

---

① 杨卫国.案外第三人撤销之诉研究[M].北京:中国法制出版社,2015:258;崔玲玲.第三人撤销之诉的外部运行环境优化分析[J].法律科学(西北政法大学学报),2017(6):192.

② 罗发兴.第三人撤销之诉适用问题研究[D].重庆:西南政法大学,2016.

③ 在我国确立参加效制度,有利于解决民事诉讼中第三人权责不对称的问题。详细分析参见陈晓彤.民事诉讼中第三人权责不对称问题研究——以我国参加效制度的缺失与构建为中心[J].苏州大学学报(法学版),2019(1):95-106。

④ 奚晓明.最高人民法院民事案件案由规定理解与适用[M].北京:人民法院出版社,2011:11.

⑤ 曹建军.民事案由的功能:演变、划分与定位[J].法律科学(西北政法大学学报),2018(5):122-130.

之下，①有的则是将原诉讼的案由作为第三人撤销之诉的案由，还有一种方法，包括最高人民法院在内均有法院在使用，就是采用"A 与 B 第三人撤销之诉（原诉讼案由）"的形式作为立案案由，比如第三人撤销之诉（合资、合作开发房地产合同纠纷）。中国裁判文书网现在并没有将第三人撤销之诉作为案由，而是将其作为"审判程序"的一种，置于"民事审判监督"和"特别程序"之间。有学者建议在《民事案件案由规定》再次修改时，可以将第三人撤销之诉增设在"三十、侵权责任纠纷"之中，作为新增的情形之一，即"三十之一、第三人撤销之诉"。②笔者认为，应该将"第三人撤销之诉"作为案由的一类，单列出来。目前，在《民事案件案由规定》未修改的情况下，最高人民法院可以通过采用下发立案通知的形式将其予以规范化。这既有利于法院对案件的分配、管理和统计，也便于帮助当事人准确选择救济途径、行使诉权。

（四）发布指导性案例

案例指导制度于 2010 年正式启动，随着指导性案例的颁布，一种司法规则形成的机制得以产生，指导性案例所确立的裁判规则将成为法官办案时的规则来源和重要参照。到 2018 年底，最高法院已经发布了 20 批指导性案例。指导性案例的指导性主要体现在裁判要点上，从已经发布的指导性案例的裁判要点看，大体上可分为解释概念、明确规则和总结经验。

在 20 批指导性案例中，除了第 1～3 批是在 2013 年 1 月 1 日前发布的，余下 17 批均是在新民诉法正式实施后发布的，但是均未见到与第三人撤

---

① 笔者 2015 年在深圳市宝安区人民法院实习期间，在法院的案件系统中查询得知。
② 傅贤国.我国案外第三人异议诉讼制度研究［D］.武汉：武汉大学，2016.

销之诉案件相关的指导性案例。① 这里，笔者并非指责最高法院没有发布第三人撤销诉讼案件的指导性案例，因为指导性案例的颁布要有一个筛选、"沉淀"的过程。这里想要表达的是，着眼于我国第三人撤销之诉的司法实践，案件数量已经相当可观。

指导性案例可以起到解释概念、明确规则和总结经验的指导作用，其在一定意义上也具有法律解释功能。因此，经过如此多的案件的"检验"，民诉法中第三人撤销之诉制度的原则性规定乃至司法解释中的细化规定在司法实务中所产生的"争点"已经渐渐明朗化。虽然司法解释已经出台，但是在适用上依然存在一些问题，比如是否需要重新组成合议庭、原来的审判人员是否可以参与审判、第三人撤销之诉是否可以适用调解等。这些问题还有待进一步明晰。出台指导性案例也许不是唯一或最佳的解决途径，却是在立法和司法解释未作出回应的前提下最具成效的方式之一。

（五）确立滥用第三人撤销之诉的罚则

一般认为，当事人滥用诉权或滥用诉讼只指当事人违背权利目的而行使权利，以达到拖延诉讼或者给他人造成损害等非法目的。② 滥用诉权往往造成虚假诉讼或无益的诉讼。

2012年《民事诉讼法》在第13条新增了诚实信用原则，并在第112

---

① 截至2018年，《中华人民共和国最高人民法院公报》刊登了两则案例：香港大千国际企业有限公司与于某某、海门市大千热点有限公司第三人撤销之诉纠纷案〔最高人民法院（2016）最高法民申1045号民事裁定书〕，最高人民法院办公厅. 中华人民共和国最高人民法院公报［J］. 2017（10）；张某某与朱某某、田某某第三人撤销诉讼纠纷案〔江苏省徐州市中级人民法院（2016）苏03民终4817号民事判决书〕，最高人民法院办公厅. 中华人民共和国最高人民法院公报［J］. 2018（6）。

② 邵明. 现代民事之诉与争讼程序法理："诉·审·判"关系原理［M］. 北京：中国人民大学出版社，2018：46.

条新增了关于对当事人恶意串通，通过诉讼、调解侵害他人合法权益行为进行司法处罚的规定。这是为了打击民事诉讼中的欺诈行为，防止当事人滥用诉权。第三人撤销之诉同样存在着被滥用的可能性，而且现实中已经有相关的案例出现。《法国新民事诉讼法典》第581条就对第三人滥用第三人撤销之诉规定了相应的惩罚规则，其除了要缴纳罚款之外，还可能面临损害赔偿。我国的民事实体法上尚无规制虚假诉讼、恶意诉讼的规定，当事人利益受恶意诉讼损害也无损害赔偿请求权的救济手段。《民事诉讼法》第112条的所要制裁的行为似乎并不能涵盖滥用第三人撤销之诉的行为，因为该制度的提起者是以本诉的原被告为共同被告，几乎不存在恶意串通的可能性。由此，笔者建议，在第三人滥用第三人撤销之诉时，对其处以相应的罚款或其他处罚措施，以此来节约司法资源、保障该制度被正确运用，使需要救济的人及时得到救济，滥用权利的人承担相应的司法后果并起到警示作用。此外，还可以建立健全社会征信体系，将实施恶意诉讼的行为人纳入失信人名单中，必要时还可以设立社会公众查询的平台。

结 语

"在回应改革的压力以及到本土经验之外去寻找创新启迪的过程中,承担着改革重任的各国法律人总是很容易为一些他国的制度设计所吸引,因为这些制度可能体现着较为健全的原则或者表现出良好的意图。"[①]诚然,对于法律制度而言,基于实用主义的考量,最"走捷径"的方法莫过于实行"拿来主义"。但是,正如张卫平教授所言:对域外法律制度"切忌简单地照搬和移植,某个国家的诉讼制度和诉讼理论的生长有其特殊环境,不了解这些诉讼制度和诉讼理论产生的社会背景、文化传统的影响……移植就会失败。"[②]第三人撤销之诉制度入法的初衷是好的,但能否适应中国民事法治的土壤,还有待于实践的检验。

---

① [美]米尔伊安·R.达玛什卡.司法和国家权力的多种面孔[M].郑戈,译.北京:中国政法大学出版社,2015:18.

② 张卫平.程序公正实现中的冲突与衡平[M].成都:成都出版社,1993:4.

结　语

截至 2018 年底，涉及第三人撤销之诉的裁判文书已达 7000 余份，[①]存在的问题和有待完善的地方可能远不止笔者在书中已经阐述的内容，如有的学者出于减轻较高级别法院的工作负担的考量，主张将第三人撤销之诉的管辖下移；[②]部分学者基于实践中存在他人之间的仲裁裁决损害第三人合法权益的认知，主张将仲裁裁决书也纳入第三人撤销之诉的客体范围，构建第三人撤销仲裁裁决之诉。[③]但需要考虑的是，基于仲裁权和审判权的区别，仲裁裁决对于非仲裁主体的第三人能够产生效力吗？司法实践中，即便第三人向法院申请撤销仲裁裁决，法院也不会去判定是否存在恶意仲裁，而是直接以起诉人不具备撤销仲裁裁决的主体资格不予受理案件。[④]这些问题的解决又涉及既判力的相对性与扩张以及第三人的范围问题。总之，第三人撤销之诉的构建与完善，涉及民事诉讼基本原理与制度之间的配合与协调，如第三人诉讼制度、诉讼告知制度、诉讼标的理论、既判力理论与参加效理论等，都需要我们进一步思考与研究。

[①] 其中，2013 年 34 份，2014 年 425 份，2015 年 564 份，2016 年 1245 份，2017 年 2384 份，2018 年 2382 份。不难发现，第三人撤销之诉的案件数量从入法后便呈现逐年递增的趋势，《民诉法解释》在 2015 年施行以后，2016 年、2017 年的案件数量更是比上一年翻了一番，2018 年的案件数量与 2017 年持平。参见中国裁判文书网．［EB/OL］．［2019-06-01］.http：//wenshu.court.gov.cn/website/wenshu/181217BMTKHNT2W0/index.html?pageId=94ea62baa1cf781ff9063d1216b1dfa1&s4=0&s8=03&s9=0308.

[②] 刘君博．第三人撤销之诉的程序建构［J］．法学，2014（12）：54-55.

[③] 董少谋．"一裁终局"下仲裁裁决的司法救济途径［M］// 仲裁研究（第 40 辑）．北京：法律出版社，2015：28 页；刘东．论仲裁裁决案外人利益的保护——以案外第三人撤销仲裁裁决之诉为中心的研究［J］．法治研究，2015（2）：89-98；张兴美．第三人撤销之诉的中国表达［D］．长春：吉林大学，2017.

[④] 参见广东省中山市第二人民法院（2018）粤 2072 民初 6730 号民事裁定书。

参考文献

一、中文著作

[1] 蔡虹. 民事诉讼法（第4版）[M]. 北京：北京大学出版社，2016.

[2] 江伟，肖建国. 民事诉讼法（第8版）[M]. 北京：中国人民大学出版社，2018.

[3] 王利明. 法律解释学导论——以民法为视角（第2版）[M]. 北京：法律出版社，2017.

[4] 江伟. 民事诉讼法学[M]. 北京：北京大学出版社，2015.

[5] 常怡. 民事诉讼法[M]. 北京：中国政法大学出版社，2013.

[6] 张卫平. 民事诉讼法[M]. 北京：法律出版社，2016.

[7] 谭秋桂. 强制执行法学（第3版）[M]. 北京：北京大学出版社，2015.

[8] 张卫平，陈刚. 法国民事诉讼法导论[M]. 北京：中国政法大学出版社，1997.

[9] 吴明轩.民事诉讼法（上、中、下）[M].台北：三民书局，2011.

[10] 吕太郎.民事诉讼法（第2版）[M].台北：元照出版有限公司，2018.

[11] 邱联恭.口述民事诉讼法讲义（1-3卷）[M].台北：元照出版有限公司，2017.

[12] 刘明生.民事诉讼法实例研习[M].台北：元照出版有限公司，2015.

[13] 陈计男.民事诉讼法论（下）[M].台北：三民书局，2017.

[14] 姜世明.民事诉讼法（上）[M].台北：新学林出版股份有限公司，2018.

[15] 姜世明.民事诉讼法（下）[M].台北：新学林出版股份有限公司，2018.

[16] 姜世明.民事诉讼法基础论（第7版）[M].台北：元照出版有限公司，2014.

[17] 陈荣宗，林庆苗.民事诉讼法（下）[M].台北：三民书局，2015.

[18] 杨建华，郑杰夫.民事诉讼法要论[M].台北：三民书局，2017.

[19] 邱联恭.程序利益保护论[M].台北：元照出版公司2005年版.

[20] 许士宦.民事诉讼法（下）[M].台北：新学林出版股份有限公司，2019.

[21] 许士宦.新民事诉讼法[M].北京：北京大学出版社，2013.

[22] 吕太郎.民事诉讼之基本理论（二）[M].台北：元照出版有限公司，2009.

[23] 蒲一苇.民事诉讼第三人制度研究[M].厦门：厦门大学出版社，2009.

［24］张卫平.程序公正实现中的冲突与衡平［M］.成都：成都出版社，1993.

［25］丁宝同.民事判决既判力研究［M］.北京：法律出版社，2012.

［26］胡军辉.民事既判力扩张问题研究［M］.北京：中国人民公安大学出版社，2011.

［27］胡军辉.民事裁判既判力问题新探索［M］.北京：法律出版社，2018.

［28］张卫平,陈刚.法国民事诉讼法导论［M］.北京：中国政法大学出版社，1997.

［29］齐树洁.台港澳民事诉讼制度（第2版）［M］.厦门：厦门大学出版社，2014.

［30］刘学敏.欧洲人权体制下的公正审判权制度研究——以＜欧洲人权公约＞第6条为对象［M］.北京：法律出版社，2014.

［31］江必新等.最高人民法院指导性案例裁判规则理解与适用·民事诉讼卷（第2版）［M］.北京：中国法制出版社，2017.

［32］张卫平.最高人民法院民事诉讼司法解释要点解读［M］.北京：中国法制出版社，2015.

［33］沈德咏.最高人民法院民事诉讼司法解释理解与适用［M］.北京：人民法院出版社，2015.

［34］江必新.最高人民法院关于适用民事诉讼法审判监督程序司法解释理解与适用［M］.北京：人民法院出版社，2008.

［35］江必新.民诉法解释法义精要与实务指引［M］.北京：法律出版社，2015.

［36］江伟.民事诉讼法典专家修改建议稿及立法理由［M］.北京：法律

出版社，2008.

［37］江伟，邵明，陈刚. 民事诉权研究［M］. 北京：法律出版社，2002.

［38］邱联恭. 司法之现代化与程序法［M］. 台北：三民书局，1992.

［39］王胜明. 中华人民共和国民事诉讼法释义［M］. 北京：法律出版社，2012.

［40］北京政法学院民事诉讼法教研室. 外国民事诉讼法参考资料（第一册）［M］. 北京：北京政法学院民事诉讼法教研室，1982.

［41］王甲乙，杨建华，郑健才. 民事诉讼法新论［M］. 台北：三民书局，2010.

［42］杨建华. 问题研析民事诉讼法（一）［M］. 台北：三民书局，1987.

［43］杨建华. 问题研析民事诉讼法（二）［M］. 台北：三民书局，1988.

［44］中国民事诉讼法学研究会. 民事程序法研究（第13辑）［M］. 厦门：厦门大学出版社，2015.

［45］中国民事诉讼法学研究会. 民事程序法研究（第14辑）［M］. 厦门：厦门大学出版社，2015.

［46］奚晓明，杜万华. 最高人民法院民事诉讼法司法解释适用解答［M］. 北京：人民法院出版社，2015.

［47］姚瑞光. 民事诉讼法论［M］. 北京：中国政法大学出版社，2011.

［48］杨卫国，案外第三人撤销之诉研究［M］. 北京：中国法制出版社，2015.

［49］张艳丽，于鹏，周建华. 民事诉讼理论与制度［M］. 北京：法律出版社，2017.

［50］于同志. 案例指导研究：理论与应用［M］. 北京：法律出版社，2018.

[51] 邵明.现代民事之诉与争讼程序法理:"诉·审·判"关系原理[M]. 北京:中国人民大学出版社,2018.

[52] 苏力.制度是怎样形成的[M].北京:北京大学出版社,2007.

[53] 吴从周.概念法学、利益法学和价值法学:探索一部民法方法论的演变史[M].台北:元照出版有限公司,2007.

[54] 景汉朝.最高人民法院关于登记立案司法解释理解与适用[M].北京:人民法院出版社,2016.

[55] 江必新,刘贵.最高人民法院关于人民法院办理执行异议和复议案件若干问题规定理解与适用[M].北京:人民法院出版社,2015.

[56] 陈金钊,谢晖.法律方法(第23卷)[M].北京:中国法制出版社,2018.

[57] 陈金钊,谢晖.法律方法(第25卷)[M].北京:中国法制出版社,2018.

[58] 邵明.现代民事诉讼基础理论[M].北京:法律出版社,2011.

[59] 杜万华.民事审判指导与参考(2015年第4辑)[M].北京:人民法院出版社,2016.

[60] 杜万华.民事审判指导与参考(2016年第3辑)[M].北京:人民法院出版社,2017.

[61] 杜万华.民事审判指导与参考(2017年第2辑)[M].北京:人民法院出版社,2017.

[62] 杜万华.民事审判指导与参考(2018年第3辑)[M].北京:人民法院出版社,2018.

[63] 张旭东.民事诉讼程序类型化研究[M].厦门:厦门大学出版社,2012.

[64] 姜世明.第三人程序参与[M].台北：新学林出版股份有限公司，2019.

[65] 何勤华，李秀清.意大利法律发达史[M].北京：法律出版社，2006.

[66] 李成玲.日本法研究（2017年第3卷）[M].北京：中国政法大学出版社，2017.

二、中文译著

[1] 罗结珍译.法国新民事诉讼法典（上、下）[M].北京：法律出版社，2010.

[2] 罗洁珍译.法国民法典[M].北京：北京大学出版社，2010.

[3] [德]卡尔·拉伦茨.法学方法论[M].陈爱娥，译.北京：商务印书馆，2003.

[4] [法]雅克·盖斯旦，吉勒·古博.法国民法总论[M].陈鹏，张丽娟，石佳友，等译.北京：法律出版社，2004.

[5] [日]中村英郎.新民事诉讼法讲义[M].陈刚，林剑锋，郭美松，译.北京：法律出版社，2001.

[6] [日]谷口安平.程序的正义与诉讼（增订本）[M].王亚新，刘荣军，译.北京：中国政法大学出版社，2002.

[7] [日]新堂幸司.新民事诉讼法[M].林剑锋，译.北京：法律出版社，2008.

[8] [日]中村宗雄、中村英郎.诉讼法学方法论[M].北京：中国法制出版社，2009.

[9] [德]拉德布鲁赫.法学导论[M].米健，译.北京：商务印书馆，

2013.

[10] [日]高桥宏志.重点讲义民事诉讼法[M].张卫平,许可,译.北京:法律出版社,2007.

[11] [日]高桥宏志.民事诉讼法制度与理论的深层分析[M].林剑锋,译.北京:法律出版社,2003.

[12] [日]田中成明.现代社会与审判——民事诉讼的地位和作用[M].郝振江,译.北京:北京大学出版社,2016.

[13] [日]原田尚彦.诉的利益[M].石龙潭,译.北京:中国政法大学出版社,2014.

[14] [法]让·文森、塞尔日·金沙尔.法国民事诉讼法要义(上、下)[M].罗结珍,译.北京:中国法制出版社,2001.

[15] [法]格拉松.法国民事诉讼程序的起源[M].巢志雄,译.北京:北京大学出版社,2013.

[16] [法]洛伊克·卡迪耶.法国民事司法法[M].杨艺宁,译.北京:中国政法大学出版社,2010.

[17] [德]汉斯-约阿希姆·穆泽拉克.德国民事诉讼法基础教程[M].周翠,译.北京:中国政法大学出版社,2005.

[18] [德]罗森贝克.德国民事诉讼法[M].李大雪,译.北京:中国法制出版社,2007.

[19] [德]卡尔·拉伦茨.法学方法论[M].陈爱娥,译.北京:商务印书馆,2005.

[20] [美]米尔伊安·R.达玛什卡.司法和国家权力的多种面孔[M].郑戈,译.北京:中国政法大学出版社,2015.

[21] [日]伊藤真.民事诉讼法(第四版补订版)[M].曹云吉,译.北京:

北京大学出版社，2019.

[22][奥]尤根·埃利希.法律社会学基本原理[M].叶名怡,袁震,译.南昌：江西教育出版社，2014.

[23][意]彼德罗·彭梵得.罗马法教科书[M].黄风,译.北京：中国政法大学出版社，2018.

[24][美]哈罗德·J.伯尔曼.法律与革命：西方法律传统的形成[M].贺卫方,高鸿钧,张志铭,等译,北京：法律出版社，2018.

[25][德]茨威格特、克茨.比较法总论（上）[M].潘汉典,米健,高鸿钧,等译.北京：中国法制出版社，2017.

[26][奥]恩斯特·A.克莱默.法学方法论[M].周万里,译.北京：法律出版社，2019.

三、期刊

[1]蔡虹.民事再审程序立法的完善——以《中华人民共和国民事诉讼法修正案（草案）》为中心的考察[J].法商研究，2012（2）：22-31.

[2]张卫平.起诉条件与实体判决要件[J].法学研究，2004（6）：58-68.

[3]张卫平.《中华人民共和国民事诉讼法》修改之我见[J].法商研究，2006（6）：56-64.

[4]张卫平.既判力相对性原则：根据、例外与制度化[J].法学研究，2015（1）：68-86.

[5]张卫平.中国第三人撤销之诉的制度构成与适用[J].中外法学，2013（1）：169-184.

[6] 张卫平.第三人撤销判决制度的分析与评估[J].比较法研究,2012（5）：1-15.

[7] 张卫平.案外人异议之诉[J].中国检察官,2009（4）：73.

[8] 张卫平.诉的利益:内涵、功用与制度设计[J].法学评论,2017(4):6-16.

[9] 肖建华.论恶意诉讼及其法律规制[J].中国人民大学学报,2012(4):19-27.

[10] 肖建华.主参加诉讼的诈害防止功能[J].法学杂志,2000（5）：30-31.

[11] 宋朝武.虚假诉讼法律规制的理性思考[J].河南社会科学,2012(12):1-4.

[12] 李浩.虚假诉讼与对调解书的检察监督[J].法学家,2014（6）：66-76.

[13] 陈杭平.中国大陆新民事诉讼法增设的第三人撤销之诉制度[J].月旦民商法杂志,2014（43）.

[14] 唐力.案外人执行异议之诉的完善[J].法学,2014（7）：141-151.

[15] 赵秀举.论民事执行救济兼论第三人执行异议之诉的悖论与困境[J].中外法学,2012（4）：835-853.

[16] 韩波.分置、合并与转向：程序关系之维的案外人异议之诉[J].法学论坛,2016（4）：25-35.

[17] 潘剑锋.论建构民事程序权利救济机制的基本原则[J].中国法学,2015（2）：29-42.

[18] 潘剑锋,韩静茹.第三人撤销之诉的性质定位与关系探究[J].山

东社会科学，2015（7）：62-68.

[19] 王亚新.第三人撤销之诉原告适格的再考察[J].法学研究，2014(6)：132-146.

[20] 林剑锋.既判力相对性原则在我国制度化的现状与障碍[J].现代法学，2016（1）：131-143.

[21] 吴泽勇.第三人撤销之诉的原告适格[J].法学研究，2014（3）：148-167.

[22] 王福华.第三人撤销之诉的制度逻辑[J].环球法律评论，2014（4）：83-103.

[23] 王福华.第三人撤销之诉适用研究[J].清华法学，2013（4）：46-60.

[24] 肖建国.论案外人申请再审的制度价值与程序设计[J].法学杂志，2009（9）：63-66.

[25] 肖建国,黄忠顺.论第三人撤销之诉的法理基础[J].民事程序法研究，2014（1）：31-48.

[26] 刘君博.第三人撤销之诉原告适格问题研究现行规范真的无法适用吗？[J].中外法学，2014（1）：261-281.

[27] 刘君博.第三人撤销之诉的程序建构[J].法学，2014（12）：51-60.

[28] 刘君博.第三人撤销之诉撤销对象研究——以《〈民事诉讼法〉解释》第296、297条为中心[J].北方法学，2016（3）：107-114.

[29] 刘君博.台湾地区第三人撤销之诉评述[J].台湾研究集刊,2017(4)：35-43.

[30] 崔玲玲.诉的类型新论——对诉的类型传统理论的扬弃[J].河北

法学, 2013（1）: 38-47.

[31] 崔玲玲. 第三人撤销之诉的外部运行环境优化分析[J]. 法律科学（西北政法大学学报）, 2017（6）: 181-193.

[32] 张志瀚. 第三人撤销之诉制度初探[J]. 厦门大学法律评论, 2007（1）: 177-204.

[33] 张艳. 我国第三人撤销之诉制度在司法实践中出现的问题与完善对策——以法院已受理的案件为样本的分析[J]. 政治与法律, 2014（6）: 154-163.

[34] 任重. 论虚假诉讼：兼评我国第三人撤销诉讼实践[J]. 中国法学, 2014（6）: 243-264.

[35] 任重. 回归法的立场：第三人撤销之诉的体系思考[J]. 中外法学, 2016（1）: 139-164.

[36] 郑金玉. 我国第三人撤销之诉的实践运行研究[J]. 中国法学, 2015（6）: 265-283.

[37] 孙永军. 第三人撤销之诉中"第三人"的定位[J]. 海南大学学报（人文社会科学版）, 2014（1）: 69-74.

[38] 许尚豪. 程序审查与实体审理：第三人撤销之诉的二阶程序结构研究[J]. 政治与法律, 2015（12）: 138-145.

[39] 许少波. 第三人撤销之诉与申请再审的选择[J]. 河南大学学报（社会科学版）, 2015（1）: 27-33.

[40] 许可. 论第三人撤销诉讼制度[J]. 当代法学, 2013（1）: 40-47.

[41] 傅贤国. "第三人撤销诉讼"抑或"诉讼第三人异议之诉"——基于我国《民诉法》第56条第3款的分析[J]. 法学评论, 2013（5）: 128-138.

[42] 胡军辉,廖永安.论案外第三人撤销之诉[J].政治与法律,2007(5):133-138.

[43] 胡军辉.论第三人撤销之诉与周边程序的协调[J].政治与法律,2015(8):143-149.

[44] 肖建华,杨兵.论第三人撤销之诉——兼论民事诉讼再审制度的改造[J].云南大学学报:法学版,2006(4):38-42.

[45] 巢志雄.法国第三人撤销之诉研究——兼与我国新《民事诉讼法》第56条第3款比较[J].现代法学,2013(3):160-174.

[46] 刘东.论仲裁裁决案外人利益的保护——以案外第三人撤销仲裁裁决之诉为中心的研究[J].法治研究,2015(2):89-98.

[47] 刘东."有独立请求权"的类型化分析——以民事诉讼法第56条第1款为中心的研究[J].政法论坛,2016(1):32-43.

[48] 刘东.论无独立请求权第三人的识别与确定——以"有法律上的利害关系"的类型化分析为中心[J].当代法学,2016(2):135-144.

[49] 刘东.回归法律文本:第三人撤销之诉原告适格再解释[J].中外法学,2017:1316.

[50] 朱金高.对第三人撤销之诉的异议[J].政法论丛,2017(5).

[51] 罗恬漩.论虚假诉讼受害人的救济:兼探讨第三人撤销之诉适用[J].交大法学,2017(2).

[52] 李潇潇.调解在第三人撤销之诉中的适用[J].烟台大学学报(哲学社会科学版),2015(2):47-61.

[53] 袁琳.主体要件视角下的案外人申请再审制度与第三人撤销之诉制度研究[J].西部法学评论,2016(1):1-11,19.

[54] 廖浩.第三人撤销诉讼实益研究——以判决效力主观范围为视角[J].华东政法大学学报,2017(1):137-148.

[55] 陈荣宗.第三人撤销诉讼之原告当事人适格[J].月旦法学杂志,2004(12).

[56] 许士宦.第三人参与与判决效主观范围——以民事诉讼上第三人之程序权保障为中心(上)[J].月旦法学杂志,2010(3).

[57] 许士宦.第三人参与与判决效主观范围——以民事诉讼上第三人之程序权保障为中心(下)[J].月旦法学杂志,2010(4).

[58] 刘明生.诉讼参加与第三人撤销诉讼程序之研究(上)[J].辅仁法学,2013(45).

[59] 刘明生.诉讼参加与第三人撤销诉讼程序之研究(下)[J].辅仁法学,2013(46).

[60] 魏大喨.第三人撤销诉讼——判决扩张之程序权保障[J].迈入二十一世纪之民事法学研究,2006.

[61] 姜世明.浅论两岸第三人撤销之诉[J].月旦民商法杂志,2013(42).

[62] 姜世明.概介法国第三人撤销诉讼[J].台湾本土法学杂志,2005(76).

[63] 张兴美.第三人撤销之诉原告适格问题研究[J].法学杂志,2016(6):133-140.

[64] 张兴美.第三人撤销之诉制度的"使命"探究[J].法制与社会发展,2018(4):140-154.

[65] 黄源浩.法国民事第三人撤销诉讼:要件及诉讼利益[J].辅仁法学,2017(54).

[66] 黄源浩.再访法国民事第三人撤销诉讼:法律效力[J].东海大学法学研究,2019(56).

[67] 傅郁林. 改革开放四十年中国民事诉讼法学的发展从研究对象与研究方法相互塑造的角度观察[J]. 中外法学, 2018（6）: 1423-1448.

[68] 李卫国, 伍芳瑶. 论第三人撤销之诉与案外人申请再审的适用关系[J]. 湖北社会科学, 2017（5）.

[69] 马登科. 执行案外人再审之诉的法理基础和司法适用[J]. 广西社会科学, 2011（6）: 67-69.

[70] 段文波. 起诉条件前置审理论[J]. 法学研究, 2016（6）: 70-87.

[71] 段文波. 起诉程序的理论基础与制度前景[J]. 中外法学, 2015（4）.

[72] 李斯凡. 第三人撤销之诉原告资格研究——以53份最高法院裁判文书为样本[J]. 人民司法: 应用, 2018（34）: 84-90.

[73] 曹建军. 民事案由的功能：演变、划分与定位[J]. 法律科学（西北政法大学学报）, 2018（5）.

[74] 廖永安, 陈逸飞. 意大利民事诉讼第三人裁判异议之诉初探——兼述对完善我国第三人撤销之诉制度的启示[J]. 现代法学, 2018（6）: 166-174.

四、学位论文

[1] 胡军辉. 既判力扩张问题研究[D]. 湘潭：湘潭大学, 2009.

[2] 张妮. 第三人撤销之诉研究[D]. 重庆：西南政法大学, 2012.

[3] 罗发兴. 第三人撤销之诉适用问题研究[D]. 重庆：西南政法大学, 2016.

[4] 张兴美. 第三人撤销之诉的中国表达[D]. 长春：吉林大学, 2017.

[5] 廖姿婷. 第三人撤销诉讼之原告适格[D]. 台北：中国台湾大学,

2007.

［6］陈逸飞.法国第三人撤销之诉研究［D］.湘潭：湘潭大学，2013.

五、报纸

［1］张卫平.第三人撤销诉讼程序［N］.人民法院报，2011-08-31（7）.

［2］王亚新.第三人撤销诉讼的解释适用［N］.人民法院报，2012-09-26（7）.

［3］陈刚.第三人撤销判决诉讼的适用范围——兼论虚假诉讼的责任追究途径［N］.人民法院报，2012-10-31（7）.

［4］董少谋.第三人撤销之诉的具体运用［N］.人民法院报，2013-07-10（7）.

［5］谭秋桂.论第三人撤销之诉与民事再审制度的协调［N］.人民法院报，2014-08-27（8）.

［6］高明智.关于案外人撤销之诉制度的理解与适用［N］.人民法院报，2012-12-11（4）.

［7］汪晖.案外人撤销之诉制度与案外人申请再审制度之比较［N］.人民法院报，2013-05-22（7）.

［8］章宁旦.第三人撤销之诉缘何水土不服［N］.法制日报，2013-12-16（8）.

［9］林劲标，凌蔚，卢柱平.第三人撤销之诉猛增——纠错需要还是滥用诉权？［N］.人民法院报，2013-12-23（6）.

［10］汪晖，章勇.第三人撤销之诉的适格原告［N］.人民法院报，2015-8-26（7）.

六、外文文献

［1］Peter Herzog, Martha Weser . Civil procedure in France［M］. Martinus Nijhoff, 1967.

[2] Oscar G. Chase, Helen Hershkoff, Linda J. Silberman, et al. Civil Litigation in Comparative Context [M]. 2nd ed. West Academic Publishing, 2017.

[3] Bryan A. Garner, Black's Law Dictionary, 10th ed. [M]. Thomson West, 2014.

[4] Mauro Cappelletti, Joseph M. Perillo. Civil Procedure in Italy [M]. Springer Netherlands, 1965.

后 记

小书初成，然未有如释重负之感。

尼采曾言：在浩瀚的知识海洋中，即便偶有所得，亦不过是沧海一粟。其所追求的，唯在于毅力、禀赋、韧性之增益；其所收获的，实为达成目标之方法。此等为实现"学者"之名而付出的努力，均堪为世人所颂扬。[①]吾自知离"学者"还有十万八千里，但已知做点儿学问之不易。翻书敲击之态、抓耳挠腮之囧、苦苦等待之忧、案牍劳形之累唯有自己独享，不足为外人道也。

毫无疑问，这本小书只是一块"敲门砖"，然而"那门是窄的，那路是长的"。夜深人静时，时常扪心自问，什么是我的——微薄的——贡献？

Live as if you were to die tomorrow, learn as if you were to live forever.

最后，感谢我爱的人和爱我的人。

---

① ［德］托马斯·M.J.默勒斯.法律研习的方法［M］.北京：北京大学出版社，2019：283.